Magnus Striet

Der neue Mensch?

Magnus Striet

Der neue Mensch?

Unzeitgemäße Betrachtungen zu Sloterdijk und Nietzsche

Verlag Josef Knecht
Frankfurt am Main

Umschlaggestaltung: Kiesewetter & Partner, Freiburg i. Br.
Umschlaggraphik: Stock Market
Satzbearbeitung: Fotosetzerei G. Scheydecker, Freiburg i. Br.
Herstellung: Difo-Druck, Bamberg 2000

Gedruckt auf umweltfreundlichem,
chlor- und säurefrei gebleichtem Papier

ISBN 3-7820-0849-9

Für Egbert Brede
(1957–2000)
in Dankbarkeit und Erwartung

Inhalt

I. Geburtsdilemmata und Übermenschenphantasien
Zum Streit um Sloterdijk

II. „… gesetzt nach seinem Bilde"
Nietzsches Weltbegriff aus dem Geist der Anti-Theologie, oder: Genesis einmal anders erzählt

III. „... sich selber bejahend"
Die absolute Inversion des sola gratia
in Nietzsches Wiederkunftslehre

Vorwort

Eine teils erbittert geführte Auseinandersetzung prägte im Herbst des Jahres 1999 die Feuilletons der wichtigsten Zeitungen Deutschlands: die Sloterdijk-Debatte. Was war geschehen? Nachdem der Philosoph Peter Sloterdijk auf Schloss Elmau eine Rede über die Philosophie nach Heidegger gehalten hatte, überschrieben mit „Regeln für den Menschenpark. Ein Antwortschreiben zum Brief des Humanismus"[1] brach ein Sturm der Entrüstung los. Vor allem Thomas Assheuer tat in *Die Zeit* sein seiniges, um die Debatte zu forcieren, und dies völlig zu Recht. Die Forderung einer gentechnologischen Revision der Menschheit, wie Sloterdijk sie aufstellte, ist viel zu prekär, als dass sie nur in philosophischen Binnenzirkeln diskutiert werden dürfte. Die von Sloterdijk philosophisch bereits antizipierte Entschlüsselung des menschlichen Genoms wird in ethische Fragestellungen hineinzwingen, vor deren Reflexion man sich nur um den Preis wegstehlen kann, künftig als naiv zu gelten. Von daher mag man sich zum Gehalt der Rede Sloterdijk stellen wie man will: Sloterdijk hat ein Thema aufgegriffen, das diskutiert werden muss. Dies schon allein deshalb, weil bisher noch jede technologische Möglichkeit ihre bereitwilligen Umsetzer gefunden hat.

Tituliert war Assheuers Einwurf gegen Sloterdijks mit „Das Zarathustra-Projekt", und er hat damit auf den philosophischen Hauptgewährsmann angespielt, der im Hintergrund der Elmauer Rede Pate steht und dessen Todestag sich am 25.08.2000 zum

[1] Die Rede ist inzwischen mehrfach abgedruckt, unter anderem in ZEIT-*dokument* 2/1999, wo sich auch die wichtigsten Einmischungen in die Debatte finden. Die Rede wird hier auf der Basis ihres Abdrucks beim Suhrkamp-Verlag (= es; Sonderdruck), Frankfurt/M. 1999, zitiert.

einhundertsten Mal gejährt hat: Friedrich Nietzsche. Nietzsches Rezeptionsgeschichte im 20. Jahrhundert ist vielfältig und unübersehbar. Und sie scheint auch noch keineswegs am Ende zu sein. Sloterdijk, aber eben auch die entbrannte Diskussion um die Sloterdijkschen Thesen schreiben sich in diese Rezeptionsgeschichte ein. Nietzsche hatte den Menschen als „ein Seil, geknüpft zwischen Thier und Übermensch, – ein Seil über einem Abgrunde“[2] bestimmt. Muss die gentechnologische Zukunft des Menschen als Fortschreibung des Zarathustra-Projekts interpretiert werden? Ist damit der Streit um Sloterdijk eigentlich ein Streit um Nietzsche? Um dessen, im Vergleich zur abendländischen Tradition, radikale Neusicht des Menschen?

Wer sich auf Nietzsches Denken einlässt, wird herausgefordert, herausgefordert, Stellung dazu zu beziehen, was der Mensch sei. Nietzsche selber hat um die Brisanz, die seinem Denken eignet, gewusst. „Es wird sich einmal an meinem Namen die Erinnerung an etwas Ungeheures anknüpfen, – an eine Krisis, wie es bisher keine auf Erden gab, an die tiefste Gewissens-Collision, an eine Entscheidung heraufbeschworen gegen Alles, was bis dahin geglaubt, gefordert, geheiligt war.“[3]

Die Texte dieses Bandes gehen in ihrem Ursprung auf Vorträge zurück, die in verschiedenen Kontexten gehalten wurden. Ihrer Entstehungsabsicht entsprechend geht es in ihnen nicht um eine detaillierte Nietzsche-Exegese.[4] Statt dessen versuchen sie, sich einzumischen in den Streit um den Menschen; in einen uralten Streit, der angesichts der Entwicklungen der Gegenwart wohl aktueller ist denn je. Dass Texte, die sich in diesem Streit ausdrücklich positionieren und dabei auch ihr theologisches

[2] F. Nietzsche, Also sprach Zarathustra, KSA 4, 16. Nietzsches Werke werden nach der Kritischen Studienausgabe (= KSA), hg. v. C. Colli u. M. Montinari, München ²1988, zitiert.

[3] F. Nietzsche, Ecce homo, KSA 6, 365.

[4] Ausführlich zu meiner Nietzsche-Interpretation vgl. meine Arbeit: Das Ich im Sturz der Realität. Philosophisch-theologische Studien zu einer Theorie des Subjekts (= ratio fidei 1), Regenburg 1998. Dort finden sich auch umfangreiche Auseinandersetzungen mit der Sekundärliteratur, die hier nicht eingearbeitet werden konnte.

Interesse gar nicht verschweigen wollen – in einer Zeit, die sich immer mehr auf die Haltung eines bloßen, jederzeit veränderbaren Meinens festzulegen scheint –, gezwungenermaßen unzeitgemäß sind, liegt auf der Hand. Nähme die Theologie an diesem Streit aber nicht teil, verabschiedete sie sich nicht nur aus dem kulturellen Diskurs der Gegenwart, sondern gäbe auch ihr Ureigenstes auf: ihren Glauben daran, dass jeder Mensch von Gott geliebt ist, unbedingt.

Dank schulde ich all denjenigen Zuhörerinnen und Zuhörern, die sich bereitwillig auf die zur Diskussion gestellten Thesen eingelassen und mitgestritten haben. Mein besonderer Dank aber gilt Gunnar Anger, der so manche Hinweise gegeben und das Korrekturlesen übernommen hat, und nicht zuletzt Dr. Michael Bongardt, Jerusalem, für konstruktive Kritik und Ermutigung.

Münster, im August 2000

Magnus Striet

I.

Geburtsdilemmata und Übermenschenphantasien
Zum Streit um Sloterdijk

Weichenstellungen. Domestikationsprozesse statt Gottebenbildlichkeit

Kaum eine Rede hat in jüngerer Vergangenheit einen größeren öffentlichen Skandal ausgelöst als die so genannte Elmauer Rede Peter Sloterdijks. Ob das Ausmaß, den dieser Skandal annahm, berechtigt war oder nicht, sei dahingestellt. Die Kernfrage der Rede, ob man dem Gebot der Stunde, nämlich der „Domestikation des Menschen" – für Sloterdijk in der Menschheitsgeschichte das bisher „große Ungedachte"[1] – durch eine gentechnologisch praktizierte Neuschaffung des Menschen gerecht werden könne, war an ihrem Inhalt gemessen jedenfalls aus mehreren Gründen so neu nicht, wie es die Aufgeregtheit, mit der daraufhin weit über philosophische Zirkel hinaus diskutiert wurde, vermuten lassen könnte. Und dies aus verschiedenen Gründen. Dass das Mängelwesen Mensch domestiziert werden müsse, mit welchem Ziel und zu welchem Zweck auch immer, wurde in der Geschichte immer wieder einmal gefordert. Erinnert sei nur an die Staatsphilosophie *Thomas Hobbes'*. Hobbes fixierte deren Ziel in einer vertragsrechtlich vorgenommenen Absicherung der Bedürfnisse eines jeden Menschen durch den absolut souveränen Staat, weil er den Menschen als nur seine eigene Selbsterhaltung betreibendes Wesen verstand, und das deshalb, um seine Selbsterhaltung garantieren zu können, nach permanenter Ausweitung seiner Macht strebt. Ein abgründiger anthropologischer Pessimismus verbindet sich hier mit

[1] P. Sloterdijk, Regeln für den Menschenpark, 43.

einem staatspolitischen Willen, die Konflikte der Gegenwart und Zukunft durch Erziehung zur Untertänigkeit einzudämmen.[2]

Auch im Hinblick auf das bis dato vorliegende Œuvre Sloterdijks waren die entscheidenden Thesen der Elmauer Rede in mehrfacher Hinsicht nicht so neu. Zumindest kündigten sie sich in seinen vorangegangenen Schriften bereits an, und zwar im Kontext seiner Überlegungen zur Natur- und Sozialisationsgeschichte des Menschen, also zur Anthropologie. Mit diesen Überlegungen schreibt Sloterdijk sich in eine Richtung der neuzeitlichen Anthropologie ein, die den Menschen konsequent vom Thron der Schöpfung stößt. War es über lange Zeit das Bewusstsein von der Verfallenheit des Menschen an die Macht des Bösen gewesen, das den anthropologischen Skeptizismus schürte, und zwar ein Bewusstsein, das theologische Wurzeln und Implikationen hatte[3] und das, wie angedeutet, auch Hobbes noch entscheidend prägte – so gewinnt spätestens im 19. Jahrhundert, und zwar nachdrücklich bei Friedrich Nietzsche, die Überzeugung an Boden, dass Skepsis in Bezug auf eine viel fundamentalere Überzeugung angezeigt ist. Auf die vorherrschende Überzeugung nämlich, dass sich der Mensch überhaupt aus dem Reich der Natur emporhebe und ihm in diesem Reich eine Sonderstellung zukomme, die ihn auszeichnet. Im Verlauf dieses Prozesses einer skeptischen anthropologischen Neuorientierung wird der Mensch allmählich zu einem Wesen degradiert, das seine verlorene Triebsicherheit durch Rationalität kompensiert. ‚Vernünftigkeit' zeichnet den Menschen nicht mehr aus, sondern wird nun als Indikator für eine verlorene Instinktsicherheit begriffen, die, will der Mensch sein Überleben sichern, kompensiert werden muss: eben durch Rationalität.

Kaum einer Erwähnung bedarf es da noch, dass es im Zuge dieser Veränderung der anthropologischen Großwetterlage zu weiteren Verschiebungen kommt. Und zwar in all den Fragen, die über das rein theoretische Weltverhältnis des Menschen hin-

---

[2] Vgl. v. a. Th. Hobbes, Leviathan, Kap. 13, Hamburg 1996.

[3] Vgl. hierzu R. Safranski, Das Böse. Das Drama der Freiheit, München 1997.

ausgehen. Was ist Moral? Gibt es die Differenz von Gut und Böse überhaupt? Oder ist das Nachdenken über Gut und Böse motiviert und begründet durch Faktoren, die jenseits von Gut und Böse sind? Was ist Sinn? Gibt es Sinn? Gibt es ein sinnvolles Existieren? Oder beharren nur die ewig Gestrigen auf der Sinnfrage? Und ist, realistisch betrachtet, nicht vielmehr alles menschliche Leben doch nur eine, dann hoffentlich kurzweilige und spaßige, nicht allzu ernst zu nehmende Marginalie im Weltgeschehen? So dass Sinn nur ein anderes Wort dafür ist, was Menschen aus sich machen?

Der Sturm der Entrüstung, der nach Sloterdijks Rede ausbrach, muss aber noch aus einem weiteren Grund erstaunen. Denn angesichts der gentechnologischen Erwägungen muss die Heftigkeit, mit der die Elmauer Rede diskutiert wurde, eigentlich insofern überraschen, als Sloterdijk bei genauerem Hinsehen zunächst einmal nur aufgegriffen hat, was *faktisch* seit geraumer Zeit unübersehbar ist: dass in den gentechnischen Labors – teils ohne allzu heftiges Bauchgrummeln, wenn nicht gar angesichts der am Horizont der Menschheit aufscheinenden Möglichkeiten jubelnd[4] – landauf und landab im globalen Weltdorf und ohne weitere Rücksichtnahme auf die einstmals gebotene Sabbat-Ruhe als Erinnerung an den Schöpfergott nun an den Möglichkeiten einer Neuschaffung des Menschen durch den Menschen selbst gebastelt wird: Nicht nur schnittfestere Tomaten, sondern auch perfektere Menschen. Den einen ein Alptraum, sind solche Träume den anderen die ahnende Vorausschau eines anderen, höheren Lebens. Über diese Tatsache hinwegtäuschen darf auch nicht, dass gegenwärtig der Konsens in punkto Bioethik hält, zumindest noch hält; dass gewisse Kodizes in der Anwendung des inzwischen gewonnenen Wissens noch allgemeine Akzeptanz erfahren.

Das menschliche Genom gilt inzwischen als entschlüsselt. Die Biosoziologie erhofft sich längst, diese Erkenntnisse nun auch zur Wirkung bringen zu können, genauer: sie hofft im strengen

---

[4] Vgl. etwa: M. More, Die Zukunft willkommen heißen statt auf sie zu verzichten: http://www.transhumanismus.de.

Sinn gar nicht darauf, sondern rechnet im Sinne einer strengen Notwendigkeit damit.[5] Dies kann auch nicht wundern, lässt sie eine Differenzierung von theoretischem Wissen und praktischer Verantwortung doch gar nicht erst zu und begreift den Menschen als determiniertes Wesen. Dass spezifisch humane Eigenschaften wie miteinander kommunizieren, Verantwortung übernehmen, lieben zu können, in einer deterministischen Weltsicht, die den Unterschied von Natur und einer durch den Menschen, durch menschliche Freiheit geprägten Kultur bestreitet, keinen

---

[5] Als markanter Vertreter der Biosoziologie sei E. O. Wilson genannt, der kulturelle und gesellschaftliche Entwicklungen streng an anthropologisch-genetische Dispositionen bindet und damit in eins den gesamten Bereich der Ethik einer naturalistischen Revision unterzieht: „Die Gene halten die Kultur im Zaum. Der Zügel ist sehr lang, aber die ethischen Werte werden unausweichlich bestimmten Zwängen unterworfen, je nachdem, wie sie sich auf den menschlichen Genbestand auswirken. Das Gehirn ist ein Produkt der Evolution. Das menschliche Verhalten ist, genau wie die tiefverwurzelten Anlagen zur emotionalen Reaktion, die es antreiben und lenken, das an Umwegen und Einfällen reiche Verfahren der Natur, durch das sie das menschliche Erbmaterial intakt gehalten hat und intakt halten wird. Eine andere nachweisbare Funktion hat die Moral nicht“, E. O. Wilson, Biologie als Schicksal. Die soziobiologischen Grundlagen menschlichen Verhaltens, Frankfurt/M. u. a. 1980 (am. Orig. 1978), 159. Vgl. weiterhin ders., Die Einheit des Wissens, Berlin 1998 (am. Orig. 1998). Äußerungen der zitierten Art machen deutlich, wie dringlich fundierte Auseinandersetzungen mit dem naturalistischen Paradigma sind, will man die Möglichkeit ethisch verantworteten Handelns nicht als fiktiv verabschieden. Diese Auseinandersetzung wird nicht umhin können, in den Streit um das Subjekt einzugreifen und dieses vor seiner naturalistischen Vereinnahmung zu retten. Denn nur dann, wenn der Mensch als Wesen der Freiheit, das aufgrund dieses seines Wesens zugleich als ein Wesen zu verstehen ist, das in die ethische Verantwortung gerufen ist, und, weil gesellschaftlich-kulturelle Verhältnisse kein Schicksal, sondern Menschenwerk sind, diesen das Sigel der Freiheit und Humanität aufzudrücken imstande ist, ist Entwicklung kein naturales Schicksal. Zur Auseinandersetzung um das Subjekt vgl. weiter unten. Eine gründliche und kritische Aufarbeitung des soziobiologischen Paradigmas findet sich bei A. Heinrich, Die Soziobiologie als kulturrevolutionäres Programm (erscheint demnächst).

Platz mehr finden und alle Phänomene bewussten Lebens funktionalistisch umgedeutet werden, ist präjudiziert. Und man kann natürlich völlig zu Recht fragen: Wenn, so die Grundannahme der Soziobiologie, die gesamte Evolutionsgeschichte der Menschheit, folglich auch die derzeitig vorgenommene Erforschung des menschlichen Genoms funktional interpretiert werden muss, folgt dann nicht auch die Nutzbarmachung dieses Wissens mit funktional bedingter Notwendigkeit? Erübrigt sich dann nicht die Diskussion darüber, ob ein evolutionsgeschichtlich erworbenes Wissen nun auch anzuwenden sei? Eine solche Diskussion würde jedenfalls voraussetzen, dass der Mensch die Freiheit besitzt, sich zum erworbenen Wissen in ein Verhältnis zu setzen und über seine Anwendung zu entscheiden.

Andererseits zeigt gerade die gegenwärtige heftig geführte Debatte über die ethische Legitimität der Präimplantationsdiagnostik im Falle der Invitrovertilisation, in wie starker Bewegung, aber auch wie heftig umstritten der gesamte Bereich der Biomedizin angesichts des ständig wachsenden Wissens auf diesem Gebiet und entsprechender technischer Möglichkeiten dann doch ist. Gerade dieses Beispiel zeigt, als wie ambivalent zum einen der Zuwachs an biotechnologischen Möglichkeiten erfahren wird, und zum anderen, prinzipieller, ethische Reflexionen durchaus noch ihren Ort finden, auch wenn die Biologie, zumal die Genetik, inzwischen zur beherrschenden Wissenschaftsreligion avanciert ist. Gerade in der Humanmedizin wird das ganze ethische Dilemma, in das die Wissenszivilisation gerät, als besonders prekär erfahren, und dies völlig zu Recht. Schließlich wird doch, wenn vor der Implantation durch eine entsprechende Diagnostik Erbgutkrankheiten festgestellt werden, die dann als Grund dafür angeführt werden, dass nicht implantiert wird, faktisch selektiert. Und zwar selektiert nach wünschenswertem und nicht-wünschenswertem Leben. Daran ändert auch der Umstand nichts, dass auf den ersten Blick noch so gut nachvollziehbare Motive, etwa die Verhinderung bestimmter Krankheiten, im Vordergrund dieser Praxis stehen mögen. Die Frage bleibt, wer die Kriterien festlegt, die dazu berechtigen, Leben als wünschenswert und als nicht-wünschenswert zu klassifizieren. Schärfer noch: Sind Menschen überhaupt in wünschenswert und nichtwünschenswert zu klassifizieren?

Zurück zu Sloterdijk. Angesichts dieser komplexen Problemlage hat Sloterdijk – man mag sich zu dessen Thesen stellen, wie man will – eine Diskussion provoziert, die unbedingt auf der Tagesordnung einer auf breiter Basis angelegten gesellschaftlichen Diskussion stehen muss. Und die dort auch nicht nur kurzweilig, medial aufgeheizt, stehen darf, sondern die mit der Kontinuität wachgehalten werden muss, derer eine substantielle Behandlung des Themas dringend bedarf.[6] Gestritten werden muss mit Sloterdijk über seine ‚Philosophie der Gentechnologie', nicht aber darüber, dass er dieses Thema überhaupt forciert hat.

Dass diese Debatte weitergeht, ist auch dann noch zu wünschen, wenn das spezifische, von Sloterdijk selbst philosophisch bereits antizipierte biopolitische Zukunftsszenarium sich als technologisch nicht realisierbar herausstellen sollte. Die Sloterdijk-Debatte verdient über die angedeuteten ethischen Probleme hinaus Interesse. Sloterdijk geht es bei der von ihm projektierten gentechnologischen Verbesserung der Menschheit ja nicht einmal ‚nur' darum, diese durch pränatale Selektion künftig vom Los bestimmter Krankheiten zu befreien, sondern sie darüber hinaus ‚ethisch' zu optimieren. Die Kriterienfrage stellt sich hier folglich in nochmals verschärfter Form. Ob Sloterdijk mit seiner Vision einer technologisch realisierbaren ethischen Verbesserung der Menschheit nicht einem klassischen philosophischen Fehlschluss unterliegt, sei hier dahingestellt. In ihrem entscheidenden Kern ist die Debatte dennoch spannend. Denn es geht in

---

[6] Zu gegenwärtigen Tendenzen in der so genannten Klonierungsdebatte vgl. vor allem den Sammelband: J. S. Ach / G. Brudermüller / Ch. Runtenberg (Hg.), Hello Dolly? Über das Klonen, Frankfurt/M. 1998. Eine neuere Literaturdurchsicht bietet: B. Gesang, Die Klonierungsdebatte – Ein neuer Motor der angewandten Ethik, in: Zeitschrift für philosophische Forschung 53 (1999), 599–601. Zum gegenwärtigen Stand bioethischer Vereinbarungen auf nationaler und internationaler Ebene vgl. A. Eser (Hg.), Biomedizin und Menschenrechte. Die Menschenrechtskonvention des Europarates zur Biomedizin – Dokumentation und Kommentare, Frankfurt/M. 1999.

ihr um nichts anderes als um die Selbstverständigung des Menschen über sich selbst. Immanuel Kant hatte die drei philosophisch relevanten Fragen *Was kann ich wissen? Was soll ich tun? Was darf ich hoffen?* zusammengefasst in der Frage *Was ist der Mensch?* Ohne die Frage *Was ist der Mensch?* lassen sich auch die Einzelfragen nicht ernsthaft diskutieren. Und auch der Sloterdijk-Debatte liegt dieses Ringen um die Frage nach dem Begriff wahren Menschseins zugrunde. Vermutlich führte dies dazu, dass die Debatte so erregt geführt wurde: Weil es letztlich in ihr um die Frage ging, was der Mensch ist. Ein zu domestizierendes Tier oder ein Wesen, dem aufgrund seiner Zugehörigkeit zur Menschengattung eine unbedingte Würde zukommt?

Und Diskussionsbedarf besteht diesbezüglich reichlich. Dass es gegenwärtig zu grundsätzlichen Verschiebungen im Verständnis dessen kommt, was der Mensch sei, aber auch in punkto dessen, was er aus sich machen dürfe – vielleicht nur provoziert von zur Verfügung stehenden technischen Möglichkeiten, die die Frage *Was ist der Mensch?* verschoben haben zu der Frage *Was darf oder soll der Mensch aus sich machen?* – ist kaum zu bestreiten. Diese Verschiebungen können wohl nur dann bestritten werden, wenn man geflissentlich übersieht, wie das gesamtkulturelle Klima sich ändert.

Sloterdijk hatte bereits knapp zehn Jahre vor seiner so berühmt gewordenen Rede die Möglichkeit einer Neuerschaffung des Menschen durch den Menschen selbst erwogen; damals aber noch keinen ordentlichen Skandal damit erzeugt, was dann mit der Elmauer Rede ganz anders war. In *Berichte zur Lage der Zukunft* konnte sich Sloterdijk zwar auch nicht gerade „eine neurobiologische Apartheid oder eine Klassenherrschaft der Intelligenzmutanten über die Altmenschen heutigen Typs“ als das Wünschenswerte vorstellen. Einen „universalistischen“, dabei allerdings „generösen Biologismus, der auf eine intelligentere Menschheit im ganzen zielt“, wollte er aber auch nicht grundsätzlich ausschließen, ganz im Gegenteil. Denn auf jeden Fall, so viel sei sicher, sei nichts Schlimmeres möglich als das, was geschehe, „wenn es keine Selektion von intelligenteren und generöseren Menschen gibt".[7] Selektion also ja, aber absichtsvoll und damit nach, von wem auch immer, vorausgesetzten Zwecken. Von daher stelle sich die Frage, „ob eine künftige Anthropotechnologie bis zu einer expliziten Merkmalsplanung" vordringen könne: „ob die Menschheit gattungsweit eine Umstellung vom Geburtenfatalismus zur optionalen Geburt und zur pränatalen Selektion wird vollziehen können"[8]. Die These andersherum betrachtet: Ohne Selektion droht der Menschheit die Apokalypse, und dies in Sloterdijks Vision deshalb, weil der Altmensch, folglich der heutige Mensch, ausgedient hat, der Gattung Mensch das Überleben sichern zu können. Nicht nur schönere Menschen folglich, sondern auch bessere Menschen – so der Arbeitsauftrag an die Gentechnologie. Der klassische Humanismus, dem bisher zugetraut wurde, die Idee des Humanen zu vermitteln und zu bewahren, hat für Sloterdijk abgedankt. In der Frage aber, wer denn nach welchen Kriterien die Selektion zu verantworten habe, knüpft Sloterdijk in der Elmauer Rede an die alte Tradition des Philosophenkönigs an, an die des Weisen. Dabei sei die „Aufgabe dieses Über-Humanisten [...] keine andere als die Eigenschaftsplanung bei einer Elite, die eigens um des Ganzen willen gezüchtet werden" müsse.[9]

Damit ist das Sloterdijks Zukunftsvision vom Menschen bestimmende Kriterium zwar zum einen funktional-biologistischer Natur. Doch wäre es verfrüht, ihm nun unmittelbar ein Denken jenseits von Gut und Böse, jenseits aller ethischen Maßstäbe zu unterstellen. Denn offensichtlich ist der Biopolitismus Sloterdijks zum anderen motiviert von der Annahme, dass ohne die künftige Nutzung gentechnologischer Möglichkeiten die Bedro-

[7] P. Sloterdijk, Nachwort. Etwas vor sich haben, in: ders. (Hg.), Vor der Jahrtausendwende. Berichte zur Lage der Zukunft, Bd. 2, 728.

[8] P. Sloterdijk, Regeln für den Menschenpark, 46. In der Suhrkamp-Ausgabe der Rede ist der Begriff der Selektion von Sloterdijk bezeichnenderweise mit einer erläuternden Anmerkung versehen worden. „Allgemeiner gesprochen" versteht er unter Selektion nun: „zur Manipulation biologischer Risiken" (vgl. ebd.).

[9] P. Sloterdijk, Regeln für den Menschenpark, 54.

hung der Menschheit größer sei als mit ihr.[10] Im Hintergrund steht dabei Sloterdijks noch genau wahrzunehmender Abgesang des Humanismus. Im weitesten Sinne betrachtet, ist es folglich ein ethisches Motiv, das seinen Überlegungen zugrunde liegt. Nur vor diesem Hintergrund und dem von Sloterdijk mitvollzogenen Paradigmenwechsel in der Anthropologie werden die provokanten Thesen der Elmauer Rede verstehbar. Der vermutete Skandal, ob in der Sache berechtigt oder nicht, aber lag darin, dass Sloterdijks Phantasien einer Neuzüchtung des Menschen in frappierender Weise einen Begriff in Erinnerung riefen oder doch wenigstens Assoziationen an diesen weckten, der im 20. Jahrhundert eine breite und vielfältig kolorierte Wirkungsgeschichte erfahren hat: den des Übermenschen.

Historische Erinnerungen. Der Begriff des Übermenschen

Belegbar ist dieser Begriff in Deutschland bereits seit dem 16. Jahrhundert.[11] Und auch *Goethe* kannte den Begriff, lässt Faust sich mit diesem identifizieren, um seine von ihm selbst beanspruchte Göttergleichheit zum Ausdruck zu bringen:

Geist

Du flehst eratmend mich zu schauen,
Meine Stimme zu hören, mein Antlitz zu sehn;
Mich neigt dein mächtig Seelenflehn,
Da bin ich! – Welch erbärmlich Grauen
Faßt Übermenschen dich! Wo ist der Seele Ruf?
Wo ist die Brust? die eine Welt in sich erschuf,

---

[10] Bezeichnenderweise erinnert Sloterdijk unmittelbar vor der gerade zitierten Forderung nach einer „Eigenschaftsplanung bei einer Elite" um der künftigen Menschheit willen an die „faschistische Eugenik" (ebd.), die ihm zufolge offensichtlich nur deshalb Wirklichkeit werden konnte, weil der bisherige Humanismus versagt habe.

[11] Vgl. den Artikel ‚Übermensch', in: Deutsches Wörterbuch von Jacob und Wilhelm Grimm, Bd. 23, 417.

Und trug und hegte, die mit Freudebeben
Erschwoll, sich uns, den Geistern, gleich zu heben.
Wo bist du, Faust? Des Stimme mir erklang,
Der sich an mich mit allen Kräften drang?
Bist du es? der, von meinem Hauch umwittert,
In allen Lebenstiefen zittert,
Ein furchtsam weggekrümmter Wurm!

Faust

Soll ich dir, Flammenbildung, weichen?
Ich bin's, bin Faust, bin deines gleichen![12]

Eigentlich zur Wirkung gebracht wurde dieser Begriff aber erst durch *Friedrich Nietzsche*. Die nervöse Stimmung, die mit diesem Begriff verbunden war, hat *Robert Musil* in „Der Mann ohne Eigenschaften" charakterisiert: „Aus dem ölglatten Geist der zwei letzten Jahrzehnte des neunzehnten Jahrhunderts hatte sich plötzlich in ganz Europa ein beflügelndes Feuer erhoben. Niemand wußte genau, was im Werden war; niemand vermochte zu sagen, ob es eine neue Kunst, ein neuer Mensch, eine neue Moral oder vielleicht eine Umschichtung der Gesellschaft sein solle. Darum sagte jeder davon, was ihm paßte. Aber überall standen Menschen auf, um gegen das Alte zu kämpfen. [...] Es wurde der Übermensch geliebt, und es wurde der Untermensch geliebt; es wurde die Gesundheit und die Sonne angebetet, und es wurde die Zärtlichkeit brustkranker Mädchen angebetet; man begeisterte sich für das Heldenglaubensbekenntnis und für das soziale Allemannsglaubensbekenntnis; man war gläubig und skeptisch, naturalistisch und preziös, robust und morbid; man träumte von alten Schloßalleen, herbstlichen Gärten, gläsernen Weihern, Edelsteinen, Haschisch, Krankheit, Dämonien, aber auch von Prärien, gewaltigen Horizonten, von Schmiede und Walzwerken, nackten Kämpfern, Aufständen der Arbeitssklaven, menschlichen Urpaaren und Zertrümmerung der Gesellschaft. Dies waren freilich Widersprüche und höchst ver-

12 J. W. Goethe, Faust I, Nacht (= Werke Bd. 3), Darmstadt 1998, 26f.

schiedene Schlachtrufe, aber sie hatten einen gemeinsamen Atem ..."[13]

Was bei Musil wie eine Parodie klingt, ist dennoch wahr: Wie kaum ein anderer hat Nietzsche mit seiner Gedankenwelt, und zumal auch mit seiner Idee des Übermenschen, Kunst und Literatur des 20. Jahrhunderts inspiriert: *Thomas Mann, Gottfried Benn, Botho Strauß,* um nur einige wenige zu nennen – sie alle wären ohne Nietzsche nicht denkbar.[14] Der Mensch wird nach und mit Nietzsche zunehmend zum ästhetischen Selbstexperiment. Zwar lassen sich Tendenzen dafür, dass der Mensch, weil er sich angesichts von Leid und Tod ausschließlich auf sich selbst zurückgeworfen erfährt, zum Selbstexperiment wird, schon früher aufzeigen. Doch hat dies dann eher noch den Charakter des Notgedrungenen. Weil der Himmel als leer erfahren wird, schlüpft der Mensch in die Rolle des Prometheus; keineswegs also nur aus Hybris. Etwa in dem Gedicht *Prometheus* Goethes, in dem das Motiv der Menschenbildung durch Menschen bereits anklingt:

Bedecke deinen Himmel, Zeus,
Mit Wolkendunst,
Und übe, dem Knaben gleich,
Der Disteln köpft,
An Eichen dich und Bergeshöhn;
Müßt mir meine Erde
Doch lassen stehn,
Und meine Hütte, die du nicht gebaut,
Und meinen Herd,
Um dessen Glut
Du mich beneidest.

---

[13] R. Musil, Der Mann ohne Eigenschaften, Bd. 1, Hamburg 1987 (1930), 55.

[14] Vgl. hierzu N. Reichel, Der Traum vom höheren Leben. Nietzsches Übermensch und die Conditio humana europäischer Intellektueller von 1890–1945, Darmstadt 1994.

Ich kenne nichts ärmers
Unter der Sonn' als euch, Götter!
Ihr nähret kümmerlich
Von Opfersteuern
Und Gebetshauch
Eure Majestät,
Und darbtet, wären
Nicht Kinder und Bettler
Hoffnungsvolle Toren.

[...]

Wer half mir
Wider der Titanen Übermut?
Wer rettete vom Tode mich
Von Sklaverei?
Hast du nicht alles selbst vollendet,
Heilig glühend Herz?
Und glühtest jung und gut,
Betrogen, Rettungsdank
Dem Schlafenden da droben?

Ich dich ehren? Wofür?
Hast du die Schmerzen gelindert
Je des Beladenen?
Hast du die Tränen gestillet
Je des Geängsteten?
Hat nicht mich zum Manne geschmiedet
Die allmächtige Zeit
Und das ewige Schicksal,
Meine Herrn und deine?

Wähntest du etwa,
Ich sollte das Leben hassen,
In Wüsten fliehen,
Weil nicht alle
Blütenträume reiften?

Hier sitz' ich, forme Menschen
Nach meinem Bilde,

Ein Geschlecht, das mir gleich sei,
Zu leiden, zu weinen,
Zu genießen und zu freuen sich,
Und dein nicht zu achten,
Wie ich![15]

Oder man denke an den von *Franz Schubert* vertonten Gedichtzyklus *Die Winterreise* von *Wilhelm Müller*, an die letzte Strophe des Gedichtes *Mut*. Auch hier wird die menschliche Göttergleichheit Programm. Notgedrungen jedoch:

Lustig in die Welt hinein
Gegen Wind und Wetter!
Will kein Gott auf Erden sein,
Sind wir selber Götter.[16]

Diese Strophe ist eingebunden in die Erfahrungswelt eines Ich, dem jeder, aber auch wirklich jeder tragende Grund abhanden gekommen ist, und das es deshalb notgedrungen zum Faktum erklärt, dass die Menschen nun selber Götter zu sein haben; eingebunden in die Erfahrungswelt eines Ich, das an diesem Verlust leidet, dem aber nach dem Verlust des Zutrauens in jedweden sinnverbürgenden Grund es auch nicht möglich ist, nun der Kunst als der großen Ermöglicherin und zugleich Überhöherin des Lebens zu folgen. Der Kunst kommt es nur zu, auf der Drehleier die Geschichte ewig zu wiederholen, für Schubert aber wenig Trost spendend. Und so endet *Die Winterreise* denn auch trostlos:

---

[15] J.W. Goethe, Werke Bd. 1, Darmstadt 1998, 60–62.

[16] Zit. nach P. Härtling, Der Wanderer, Darmstadt ^{2}1988, 153. Zur Ambivalenz, mit der in der Romantik das aus allen traditionalen Bezügen herausgefallene Ich sich nun neu zu finden sucht und damit postmoderne Formen von Identitätsdiffusionen bereits vorwegnimmt, vgl. P. Bürger, Prosa der Moderne, Frankfurt/M. 1992, 143–147.

Der Leiermann

Drüben hinterm Dorfe
Steht ein Leiermann,
Und mit starren Fingern
Dreht er, was er kann.

Barfuß auf dem Eise
Schwankt er hin und her;
Und sein kleiner Teller
Bleibt ihm immer leer.

Keiner mag ihn hören,
Keiner sieht ihn an;
Und die Hunde brummen
Um den alten Mann.

Und er läßt es gehen
Alles, wie es will,
Dreht, und seine Leier
Steht ihm nimmer still.

Wunderlicher Alter.
Soll ich mit dir gehen?
Willst zu meinen Liedern
Deine Leier drehn?[17]

Dass das menschliche Ich sich nun ästhetisch, vielfältig zu inszenieren hat und auch nur in dieser Selbstinszenierung das ist, was es ist, nämlich Mensch, und in dieser Selbstinszenierung seine höchstmögliche Bestimmung erfüllt, ist eine Form des menschlichen Selbstverständnisses, die erst mit Nietzsche und dann im 20. Jahrhundert möglich wurde. In ebendieser Tradition steht Sloterdijk. Und bezeichnenderweise titelt denn auch eines der Bücher Sloterdijks mit „Selbstversuch" – ein Titel, der das Projekt Mensch signifikant auf den Punkt bringt. Dabei wird dieses Projekt als plurales verstanden; dass der Mensch sich

[17] P. Härtling, Der Wanderer, 154.

selbst eine verantwortete Identität geben und auf diese Weise behaftbare Person werden kann und soll, steht nicht mehr zur Debatte, zumindest nicht im Bereich des Denkens und der Kunst. „Denken und Kunst leben in Selbstversuchen“. „Moderne Intelligenzen entwickeln sich in experimentellen Prozessen“; „moderne Menschen [sind] Leute, die mit sich selbst und ihren Lebensformen experimentieren“.[18] Ermöglicht, aber nun auch bewusst bejaht wird die Lebensform des freien Selbstexperiments, weil ein normativer Begriff des Menschseins wegfällt. Der experimentelle Selbstversuch des Menschen findet in der zweiten Schöpfungswoche statt, von Nietzsche sehnlichst erhofft: „dass ich euch ganz mein Herz offenbare, ihr Freunde: wenn es Götter gäbe, wie hielte ich's aus, kein Gott zu sein!“[19] Nun gibt es für Nietzsche aber keine Götter mehr. Gott ist tot.

Wirklich schlimme Assoziationen wurden mit der Elmauer Rede aber deshalb geweckt, weil es nicht zuletzt die Nationalsozialisten waren, die diesen Begriff (und sein Gegenüber: den des Untermenschen) in ihr Vokabular aufnahmen. Es muss noch gesehen werden, welches semantische Potenzial der Begriff ‚Übermensch‘ (oder der Begriff des ‚höheren Typus‘) bei Nietzsche besitzt und ob die Beanspruchung des Begriffs durch einige Nationalsozialisten in legitimer Weise geschah. Sicherlich, der Antisemitismus war ihm zutiefst zuwider, und auch für die Deutschtümelnden hatte er nur Hohn und Spott übrig.[20] Doch

---

[18] P. Sloterdijk, Selbstversuch. Ein Gespräch mit Carlos Oliveira, München/Wien 1999, 121.130.129

[19] F. Nietzsche, Also sprach Zarathustra, KSA 4, 110.

[20] Vgl. etwa den Brief an seine Mutter Franziska und – ausgerechnet – zugleich an seine Schwester Elisabeth Förster-Nietzsche, die maßgeblich an der unheilvollen nationalsozialistischen Nietzsche-Rezeption Anteil gehabt hat, vom 14.3.1885: „Europa ist gar nicht so klein, und wenn man nicht in Deutschland leben *will* [...] so braucht man noch lange nicht so weit (gemeint ist hier Paraguay, M.S.) zu gehen. Zum Enthousiasmus für ‚deutsches Wesen‘ habe ich's freilich noch wenig gebracht, noch weniger aber zum Wunsche, diese ‚herrliche‘ Rasse gar *rein* zu erhalten. Im Gegentheil, im Gegentheil –“ Friedrich Nietzsche. Sämtliche Briefe. Hg. v. G. Colli/M. Montinari, München 1986, Bd. 7, 23.

ist die Philosophie Nietzsches und vor allem sein Begriff des Übermenschen wirklich davor gefeit, nutzbar gemacht zu werden durch solche, die dem Menschen Nietzsche zutiefst fremd waren? Sicherlich, Nietzsche war viel mehr Europäer als reichsfixiert. Und dennoch bleibt Skepsis, ob Nietzsches Denken so unschuldig ist. Als infiziert vom Christentum, der für ihn Dekadenzreligion schlechthin, als infiziert von dessen Mitleidsmoral, hat er die gesamte abendländische Denktradition zu demaskieren versucht. Und er hat gerade in dieser Infizierung die eigentliche Krankheit der späten Moderne ausgemacht. Sein Therapievorschlag: sich jenseits von Gut und Böse zu stellen. Vorgestellt aber wurde diese Therapie in der Idee des Übermenschen.

Rezipiert wurde der Begriff des Übermenschen jedenfalls im Nationalsozialismus, so etwa durch Hans Frank, Statthalter auf der Burg zu Krakau: „Das Nietzschesche Ideal vom Übermenschen wird [...] von unserer Nation in jeder Form erfüllt [...]. Die ganze deutsche Nation ist gleichsam der Übermensch im Sinne Nietzsches geworden!" Als kollektiver Übermensch seien die Deutschen „die Schildhalter und Waffenträger aller geistig-seelischen Zukunft, des besten, was diese Welt trägt: der unzerstörbaren Daseinsaufgabe der germanischen Rasse."[21] Dass Nietzsches Begriff des Übermenschen (wie seine Philosophie überhaupt) bei den Nationalsozialisten nur deshalb rezipierbar wurde, weil sein Denken auf bestimmte, oben zitierte Äußerungen verengt wurde, ist sicherlich richtig. Doch ist dies nur die eine Seite des Problems. Die andere Frage lautet, ob Nietzsches Philosophie in ihrer extremen Radikalität, mit der sie das Leben als Geschehen von Willen zur Macht begreift, am Ende nicht doch die Tendenz hat, politisch funktionalisierbar zu sein und als Legitimationsinstanz für alles Mögliche, also auch für politische Extremismen, zu dienen. Denn kaum ein Zweifel kann doch daran bestehen, dass Nietzsches Denken die Tendenz innewohnt, das menschliche Leben, das Leben der Gattung Mensch,

[21] Zit. nach E. Heftrich, Nietzsches tragische Größe (Das Abendland; NF 25), Frankfurt/M. 2000, 174.

als Selbst-Experiment im Sinne seiner Grundbestimmung, alles Leben sei Wille zur Macht und nichts anderes, zu begreifen. Und in diesem Kontext tauchen dann sehr wohl Formulierungen auf, die hellhörig machen; Formulierungen, die den Verdacht erwecken, dass Nietzsches Denken so unschuldig denn doch nicht ist, zumindest Formulierungen von ihm leicht so zu interpretieren waren.

Ohne die Frage, ob Nietzsches Idee des Übermenschen sich darin erschöpft, hier entscheiden zu wollen (falls es überhaupt bei Nietzsche definitiv möglich ist)[22], seien als Belege für die obige Vermutung einige Zitate angeführt, zunächst eines aus *Ecce homo*: „Werfen wir einen Blick ein Jahrhundert voraus, setzen wir den Fall, dass mein Attentat auf zwei Jahrtausende Widernatur und Menschenschändung gelingt. Jene neue Partei des Lebens, welche die grösste aller Aufgaben, die Höherzüchtung der Menschheit in die Hände nimmt, eingerechnet die schonungslose Vernichtung alles Entartenden und Parasitischen, wird jenes *Zuviel von Leben* auf Erden wieder möglich machen, aus dem auch der dionysische Zustand wieder erwachen muss. Ich verspreche ein *tragisches* Zeitalter: die höchste Kunst im Jasagen zum Leben, die Tragödie, wird wiedergeboren werden, wenn die Menschheit das Bewusstsein der härtesten, aber nothwendigsten Kriege hinter sich hat, *ohne daran zu leiden* ...“[23] Die erschreckende Konsequenz und Maßlosigkeit zugleich, die hier zum Ausdruck kommt, ist keineswegs einmalig, auch nicht etwa nur auf die bereits sich abzeichnende Erkrankung Nietzsches zurückzuführen. Im Frühjahr 1884, zur Zeit des Erscheinens des dritten Teils des *Zarathustra*, notiert Nietzsche: „– jene ungeheure *Energie der Größe* zu gewinnen, um, durch Züchtung und anderseits durch Vernichtung von Millionen Mißrathener, den zukünftigen Menschen zu gestalten und *nicht zu Grunde* zu

[22] Weitere, zweifelsohne für seine Philosophie entscheidendere Facetten zu Nietzsches Begriff des Übermenschen finden sich im dritten Teil dieses Bandes.

[23] F. Nietzsche, Ecce homo, KSA 6, 313. Vgl. zum folgenden M. Fleischer, Der „Sinn der Erde“ und die Entzauberung des Übermenschen. Eine Auseinandersetzung mit Nietzsche, Darmstadt 1993, 146–152.

gehen an dem Leid, das man *schafft*, und dessen Gleichen noch nie da war! –“[24]. Und an anderer Stelle heißt es: „Meine Gedanken drehen sich nicht um den Grad von Freiheit, der dem Einen oder dem Andern oder Allen zu gönnen ist, sondern um den Grad von *Macht*, den Einer oder der Andere über Andere oder Alle ausüben soll, resp. in wiefern eine Opferung von Freiheit, eine Versklavung selbst, zur Hervorbringung eines *höheren Typus* die Basis giebt. In größter Form gedacht: *wie könnte man die Entwicklung der Menschheit opfern*, um einer höheren Art als der Mensch ist, zum Dasein zu helfen? –“[25] „Daß irgend Etwas hundert Mal *wichtiger* ist, als die Frage, ob *wir* uns wohl oder schlecht befinden: Grundinstinkt aller starken Naturen – und folglich auch, ob sich die *Anderen* gut oder schlecht befinden. Kurz, dass wir ein *Ziel* haben, um dessentwillen man nicht zögert, *Menschenopfer* zu bringen, jede Gefahr zu laufen, jedes Schlimme und Schlimmste auf sich zu nehmen: die *große Leidenschaft*.“[26] Wer Nietzsches Begriff des Übermenschen nur im Sinne einer ästhetischen Existenzmöglichkeit versteht, wie der einzelne Mensch sich in affirmativer Weise (ihrerseits problematisch genug![27]) zur Faktizität des Daseins einschließlich aller dem Leben eigenen Negativität begreift, muss Stellen der zitierten Art, die problemlos erweiterbar sind, in seine Interpretation integrieren. Zumindest dann, wenn Nietzsche nicht nur als Steinbruch dienen soll, sondern die Interpretation seines Werkes als Ganzes zur Disposition steht.

Zurück zu Sloterdijk. Ist das von ihm in der Elmauer Rede geforderte Domestikationsprogramm des Menschen auf der Linie eugenischer Selektionsprogramme zu verstehen? Auf der Linie eines Übermenschenbegriffs, eventuell sogar auf der Linie eines „faschistischen“ Übermenschenbegriffs? Um dies von vornherein klar zu stellen: Von Menschenselektion spricht Sloterdijk nur in modifizierter Form, nämlich im Sinne von Geburtenoptimie-

---

[24] F. Nietzsche, Nachgelassenes Fragment (künftig abgekürzt: NF) Frühjahr 1884 25 [335], KSA 11, 98.

[25] F. Nietzsche, NF Ende 1886–Frühjahr 1887 7 [6], KSA 12, 280f.

[26] F. Nietzsche, NF Herbst 1887 9 [107], KSA 12, 398.

[27] Vgl. hierzu den letzten Aufsatz in diesem Band.

rung. Und auch von der „faschistischen“ Beanspruchung des Übermenschen-Motivs, von „den gestiefelten schlechten Nietzsche-Leser[n] der dreißiger Jahre“ sucht Sloterdijk sich wohlweislich abzugrenzen, zumal für ihn auch bereits in Nietzsches Überlegungen das „Emblem Übermensch [...] nicht für den Traum von einer schnellen Enthemmung oder einer Evasion ins Bestialische“ steht.[28]

Ob diese Differenzierung Nietzsches durch Sloterdijk angesichts der angeführten Stellen so einfach durchzuhalten ist, sei dahingestellt. In jedem Fall diskussionspflichtig aber bleibt etwas anderes, nämlich der in Sloterdijks Interpretation von Nietzsche vorhergesagte, bis heute und nie definitiv ausgetragene „Grundkonflikt aller Zukunft: der Kampf zwischen den Kleinzüchtern und den Großzüchtern des Menschen“, den „zwischen Humanisten und Superhumanisten, Menschenfreunden und Übermenschenfreunden“[29]. Zwar grenzt Sloterdijk sich insofern von der Radikalität, mit der Nietzsche das Übermenschenmotiv philosophisch wirksam gemacht hat, von den „überspannten“[30] Momenten dieses Denkens ab. Der von Nietzsche initiierte Diskurs jedoch „über die Differenz und Verschränkung von Zähmung und Züchtung, ja überhaupt der Hinweis auf die Dämmerung eines Bewußtseins von Menschenproduktionen und allgemeiner gesprochen: von Anthropotechniken – dies sind Vorgaben“, von denen Sloterdijk zufolge „das heutige Denken den Blick nicht abwenden kann, es sei denn, es wollte sich von neuem der Verharmlosung widmen“[31]. Von seiner Intention her betrachtet, und darauf muss gerechterweise hingewiesen werden, geht es Sloterdijk darum, das Wesen des Menschen so zu erhellen, dass der Ausbruch in Gewalt erklärbar und vielleicht steuerbar wird. Anthropotechnik soll in Sloterdijks Vision dem Ziel dienen, der im Menschsein potentiell angelegten Dynamik zur Gewalteskalation entgegenzusteuern.

---

[28] P. Sloterdijk, Regeln für den Menschenpark, 40.
[29] Ebd.
[30] Ebd., 42.
[31] Ebd.

Doch wirft dies wiederum eine Vielzahl von Fragen auf. Wer kann und soll denn in der konkreten Praxis der Anthropotechnik entscheiden? Wer darf sich gerechterweise Menschenfreund nennen? Wer ist ‚nur' Menschenfreund, weil er noch dem klassischen Humanismus verpflichtet ist, und wer ist ‚schon' Übermenschenfreund? Was kennzeichnet den Übermenschen?

Eine (bio)ethische Zwischenreflexion

Klar ist deshalb jedenfalls, dass auch Sloterdijk von einem bestimmten Begriff des Menschseins ausgehen muss, der realisiert werden und von daher die Anthropotechnik kriteriologisch leiten soll. Wenn moralische Kompetenz überhaupt gentechnologisch beeinflussbar ist – und da gibt es, siehe unten, erhebliche Zweifel! –, dann muss es zuvor einen Begriff von einer künftig seinsollenden Moralität geben, dem die Anthropotechnik dient. Nietzsche hat einen solchen Begriff noch gehabt: die Moral der Vornehmen, die ohne falsche Rücksichtnahme auf die Vielzuvielen auskommt. Bei Sloterdijk hingegen ist ein solcher Begriff, also ein inhaltlich bestimmter Begriff dessen, was der Mensch künftig sein soll, nur schwer auszumachen. Und er kann auch nicht ausgemacht werden, weil sein Begriff des modernen Menschseins ja gerade impliziert, dass der Mensch sich völlig frei von wie auch immer begründeten Wesensbestimmungen als Selbstexperiment begreifen soll.

Allerdings löst diese Sicht des Menschen das grundsätzliche Dilemma nicht, dass jede gentechnologische Zukunftsvision bereits einen normativen Begriff voraussetzt; einen Begriff davon, was künftig sein soll. Und sei dieser normative Begriff auch nur dergestalt, dass der Mensch völlig frei mit sich experimentieren darf. Dies bedeutet aber, auf den Begriff des Menschen bezogen, dass jede durch Menschenhand vorgenommene Manipulation des Erbmaterials sich faktisch orientiert an gegenwärtigen Vorstellungen darüber, was gutes menschliches Leben sei. Vorsichtiger formuliert: Sie richtet sich danach, was im jeweils gegenwärtigen Stadium des menschlichen Selbstexperiments faktisch betrieben wird. Diese Vorstellungen werden künftigen Menschen, ja der Menschheit im Ganzen, als deren Gegenwart zugemutet, und zwar völlig unabhängig davon, ob man sich darüber Rechenschaft gibt oder nicht. Das zeigt aber: Soll eine positive Eugenik betrieben werden, dann setzt eine solche normative Maßstäbe voraus, die dann, soll nicht einfach die Normativität des Faktischen gelten – die zumeist das Recht der Stärkeren ist –, auch geltungstheoretisch ausgewiesen sein müssen.[32] Lässt man aber genetische Veränderung „beliebiger körperlicher und seelischer Eigenschaften [zu], die man für verbesserungsfähig hält", so hat völlig zu Recht *Ernst Tugendhat* eingewendet, stellen sich sofort Fragen ein wie: „Wer ist ‚man'? Und vor allem: Gibt es konsensfähige Kriterien für Verbesserungswürdigkeit? Und haben wir das Recht, unsere Nachkommen als unsere Artefakte anzusehen?" Der ethische Diskurs wird dann unausweichlich.

Dass Sloterdijk nicht auf eine Konsensfähigkeit der von Tugendhat angemahnten Kriterien drängt, lässt sich daraus ableiten, dass es in der von ihm so interpretierten platonischen Tradition ja gerade die Weisen, die Über-Humanisten, sein sollen, die über diese Kriterien befinden. Ihnen soll die bereits zitierte Aufgabe der „Eigenschaftsplanung bei einer Elite" zukommen, „die eigens um des Ganzen willen gezüchtet werden muß"[33]. Allerdings fragt sich natürlich, wer aktuell diese Über-Humanisten sein sollen, die diese Elite züchten, die dann wiederum die Eigenschaftsplanung einer künftigen Elite vorzunehmen berechtigt ist, die die Menschenartefakte der Zukunft modulieren dürfen. Ist hier aktuell ein Konsens verlangt oder herrscht diesbezüglich das Recht der momentan Stärksten? Und selbst wenn ein Konsens erzielt würde, so stellt sich unmittelbar eine Frage, die dann endgültig prinzipieller Natur ist: Darf die gegenwärtige Menschheitsgeneration überhaupt über künftige Generationen entscheiden?

---

[32] Vgl. E. Tugendhat, Es gibt keine Gene für die Moral, 33. Folgendes Zitat ebd.

[33] P. Sloterdijk, Regeln für den Menschenpark, 54.

Diese zu heuristischen Zwecken formulierten Fragen zeigen, dass Sloterdijk, wie es Tugendhat formuliert hat, in der Tat „das Verhältnis von Ethik und Gentechnik“ auf den Kopf stellt. Jedes Nachdenken über den Menschen der Zukunft, jede Anthropotechnik, setzt notwendig einen Begriff von einem solchen Menschen voraus.

Noch prinzipiellerer Natur ist die Frage, ob Moralität, die diesen Namen verdient und nicht bloß ein (durch gentechnologische Eingriffe in das menschliche Erbgut ermöglichtes) angepasstes Sozialverhalten meint, überhaupt technologisch erzeugbar ist. Lässt sich ein bestimmtes moralisches Verhalten tatsächlich genetisch erklären und somit auch beeinflussen? Dass die heutige Biotechnologie die Möglichkeit eröffnen wird, auch Menschen zu klonen, steht wohl außer Frage. Bezieht sich aber diese Klonierungsmöglichkeit auch auf Eigenschaftsmerkmale einer menschlichen Person, die nicht nur sein biologisches Datenmaterial ausmachen, sondern auch auf das, was den Charakter einer Person ausmacht? Auf seine moralische Selbstbestimmungsmöglichkeit und damit auf seine Personalität?

Sicherlich, moralische Selbstbestimmung vollzieht sich nicht im luftleeren Raum. Sie ist zum einen, zumindest in den meisten Fällen, begründet durch konkrete Handlungserfordernisse. Konkrete Erfordernisse zwingen zumeist erst dazu, sich in ein ethisch qualifiziertes Verhältnis zu dem zu setzen, was im Lebensalltag begegnet. Und zum anderen sind die Möglichkeit moralischer Selbstbestimmung und zumal der Wille, diese dann mit der gebotenen Entschiedenheit auch wirklich werden zu lassen, abhängig von biographischen und sozialen Faktoren. Es wäre ja irrwitzig zu behaupten, dass solche Faktoren die Entwicklung von Personalität nicht beeinflussen würden.

Diese Hinweise zeigen aber nur, dass Moralität, soll es sie überhaupt geben, eine Bestimmung der menschlichen Freiheit ist. Moralität ist ohne Freiheit nicht denkbar. Wenn aber der Mensch sich nur in einem freien Entschluss selbst dazu bestimmen kann, sein Leben und seine konkreten Handlungen an ethischen Kriterien zu orientieren, dann kann Moralität nicht technologisch erzeugt werden. Rahmenbedingungen können verändert werden. Und es kann auch dazu ermuntert werden, sich moralisch zu verhalten. Niemand aber kann zur Moralität manipuliert werden, ohne dass man damit zugleich den Begriff von Moralität aufheben würde. Und zwar deshalb nicht, weil Moralität ohne Freiheit nicht denkbar ist, es aber dem Wesen der Freiheit widerspricht, dass sie durch etwas anderes als durch sich selbst erklärt werden könnte. Wenn überhaupt, dann gibt es Freiheit nur als ursprünglich unbedingte; in ihrem Ursprung und Wesen durch nichts anderes zu erklären als durch sie selbst.[34]

Bei dieser kurzen Zwischenreflexion wurde ein Begriff von Moralität entwickelt, der die Möglichkeit von Moralität streng daran bindet, dass der Mensch frei ist; dass er frei im Hinblick darauf ist, zwischen verschiedenen Möglichkeiten wählen zu können. Traditionell wird diese Form der Freiheit als Handlungsfreiheit bezeichnet. Sie ist die allgemeinste Bestimmung menschlicher Freiheit, impliziert aber noch keineswegs, dass der Mensch, der die Freiheit zwischen verschiedenen Handlungsalternativen hat, dazu verpflichtet ist, sein Handeln an bestimmten, ethisch verantworteten Kriterien zu orientieren. Soll eine solche Verpflichtung für den Menschen existieren, so geht man offensichtlich davon aus, dass es möglich ist, in allgemeinverbindlicher Form Aussagen darüber zu machen, was der Mensch sei oder anders formuliert: was der Mensch sein soll und dass es

[34] Der hier verfolgte Freiheitsansatz in der Moralphilosophie schließt sich einer Tradition an, die sich mit den Namen Kant, Fichte und Kierkegaard verbindet. Neben den Arbeiten von H. Krings (vgl. System und Freiheit. Gesammelte Aufsätze, Freiburg/München 1980) sei vor allem auf Th. Pröpper (Autonomie und Solidarität. Begründungsprobleme sozialethischer Verpflichtung, in: E. Arens, Hg., Anerkennung des Anderen. Eine theologische Grunddimension interkultureller Kommunikation, Freiburg 1995, 95–112), dem sich die obigen Überlegungen entscheidend verdanken. Zur Problematik des Autonomiedenkens in der gegenwärtigen katholischen Moraltheologie vgl. St. Goertz, Sie konnten zueinander nicht finden? Moraltheologische Überlegungen zum Verhältnis zwischen Glaube und Moral, in: A. Leinhäupl-Wilke/M. Striet (Hg.), Katholische Theologie studieren. Themenfelder und Disziplinen, Münster 2000.

dem Wesen eines jeden Menschen entspricht, aus eigener Freiheit heraus dieses mögliche Menschsein aller zu befördern. Und selbst dann, wenn der Gleichheitsgrundsatz aller Menschen nicht mehr anerkannt ist, so liegt dem ein bestimmtes Menschenbild zugrunde – aber eben eines, das Unterschiede macht. Das heißt aber, dass jede Form – um diesen für ein Freiheitsdenken problematischen Begriff einmal aufzunehmen – von Anthropotechnik von einem bestimmten Menschenbild, einer bestimmten Anthropologie ausgeht, auch die von Sloterdijk geforderte. Kommt es hierüber zum Streit, so ist dies – wie bereits anklang und nun nochmals deutlich wird – im Letzten ein Streit um den Menschen: Was ist der Mensch? Was soll der Mensch sein?

Es sind diese Fragen, die Interesse verdienen. Von daher lesen die hier vorgestellten Überlegungen Sloterdijks Elmauer Rede weniger als einen weiterführenden philosophischen Beitrag zum politisch-ethischen Potential gentechnologischer Entwicklungen, sondern vielmehr als ein Symptom für eine seit geraumer Zeit ins Rollen gekommene Neuverständigung des Menschen über sich.

Als Beitrag zur philosophischen Anthropologie aber verdient Sloterdijks Gedankenwelt allemal Interesse, selbst dann noch, wenn man sich schließlich kritisch abwendet. Denn sie provoziert dazu, den Streit um den Menschen zu führen. Was ist der Mensch?

Signifikant an Sloterdijks Vorstellung einer Anthropotechnik ist, dass er so etwas wie Eigenschaftsplanung künftiger Generationen überhaupt für machbar und kontrollierbar hält. Möglich ist dies nur, weil er die Eigenschaften eines Menschen als Attribute eines Objektes, des Objektes Mensch, begreift. Dies wiederum hängt damit zusammen, dass er ein hoch ambivalentes Verhältnis zur menschlichen Freiheit pflegt, sie am Ende für eine Illusion hält. Täte er dies nicht, so müsste er charakterliche Eigenschaften als Ausdruck menschlicher Subjektivität verstehen; als Ausdruck einer freien menschlichen Subjektivität, die zwar beeinflussbar ist, nicht aber technologisch veränderbar ist, ohne dass damit das Wesen dieser Subjektivität, Freiheit, aufgehoben würde. Ist der Mensch ein mit Freiheit begabtes Wesen oder nicht? – so lautet die im Hintergrund der Elmauer Rede lauernde Kernfrage.

Im Folgenden soll es deshalb darum gehen, den Hintergrund zu erhellen, vor dem es zur Forderung einer Anthropotechnik, die das Pathos für die Freiheit des Menschen bereits hinter sich gelassen hat, kommen konnte. Um dies leisten zu können, soll zunächst in einigen groben Strichen die Veränderung in der klassischen, theologischen und philosophischen Frage nach der Bestimmung des Menschen angedeutet werden, wie sie mit dem ausgehenden 19. Jahrhundert spürbar wird, und dann Sloterdijks eigener anthropologischer Entwurf skizziert werden.

Hintergründe. Abschied von der Gottebenbildlichkeit und dem Humanismus

Keine Frage, dass der einstmalig theologisch Erstaunen auslösende biblische Vers *Was ist doch der Mensch, dass du seiner gedenkst?* (Ps 8,5) dem Denken Sloterdijks längst fremd geworden ist, dieser für ihn nurmehr einen überkommenen Teil der Geistes- und Literaturgeschichte der Menschheit darstellt. Entscheidend für seine Anthropologie ist, dass er den Menschen immer schon auf eine bestimmte Faktizität festgelegt hat, die alle Fragen, die über eine bestimmte empirische Feststellung des Menschen hinauszielen, als anachronistisch ausschließen muss. Deshalb lautet die alles bestimmende Frage für ihn: Welche Funktion und welche Gründe hatte es für das Tier Mensch, dass es sich so und nicht anders entwickelte? Und auf die Zukunft der Gattung hin bezogen: Wie muss sich das Tier Mensch entwickeln, damit es das Überleben der eigenen Gattung sichert? Kaum eines Hinweises bedarf es da noch, dass auch das mögliche Gottesbewusstsein des Menschen in einer bestimmten aufklärerisch-religionskritischen Tradition nur noch als Projektion gedeutet werden kann.

Sloterdijk fügt sich mit dieser skeptisch-reduktionistischen Sicht des Menschen in einen Strang der Anthropologie ein, der seine Wurzeln im 19. Jahrhundert hat, wiederum vor allem in der Philosophie Friedrich Nietzsches. Als anthropologische Grundbestimmung des Menschen fungiert bei Nietzsche die vom „noch nicht-festgestellte[n] Thier“[35]. Und auch wenn dies nicht Nietzsches bestimmender Faktor in seiner Anthropologie ist, geschweige denn sein philosophisch brisantester, so kennt doch auch er biologistisch-naturalistische Argumentationsmuster. Wie so viele andere, hat auch Sloterdijk, um der einstmaligen Krone der Schöpfung endgültig ihre Zacken abzubrechen, immer wieder vom Menschen als dem Tier gesprochen, das in spezifischer Weise aus dem Naturzusammenhang herausgefallen ist und dem deshalb nun, wenn auch nicht in einem theologischen Sinn, eine Sonderstellung im Reich der Natur zukommt. Der Mensch ist für ihn das „Wesen, das in seinem Tiersein und Tierbleiben gescheitert ist“, das „fehlgeborene Tier“[36], und das nun an einer „chronischen animalischen Unreife“[37] leidet. Nicht mehr ist der Mensch für Sloterdijk das animal rationabile, ein „mit Vernunftfähigkeit begabtes Tier“, das aus sich ein animal rationale machen kann, wie noch Kant das Wesen Mensch in seiner Anthropologie sich zutraute zu bestimmen[38], und der dies emphatisch meinte: mit Bewunderung vor der Größe des Menschen, der nach selbstgewählten, und das hieß für Kant immer auch: nach moralischen Zwecken sein Leben bestimmen kann. Und erst recht kann Sloterdijk der noch viel älteren Gottebenbildlichkeitsvorstellung des Menschen keinerlei Wahrheitswert mehr abgewinnen.

Dabei dürfte es gerade die jüdisch-christliche Vorstellung von der Gottebenbildlichkeit des Menschen gewesen sein, die das Bild vom Menschen in der gesamten okzidentalen Welt zutiefst geprägt hat. „Und Gott sprach: Lasset uns Menschen machen nach unserm Bilde, uns ähnlich. [...] Und Gott schuf den Menschen nach seinem Bilde, nach dem Bilde Gottes schuf er ihn“

[35] F. Nietzsche, Jenseits von Gut und Böse, KSA 5, 81.

[36] P. Sloterdijk, Eurotaoismus. Zur Kritik der politischen Kinetik (es 3328), Frankfurt/M. 1996 (1988), 174.

[37] Ebd., 176.

[38] I. Kant, Anthropologie in pragmatischer Hinsicht B 314, WW 12, 673.

(Gen 1, 26f) – eine Aussage über den Menschen, die wohl wie keine andere dazu geführt hat, dass der Mensch sich seiner Würde bewusst wurde; einer Würde, die laut Schöpfungsbericht einzig und allein ihm in der Welt zukommt, und einer Würde, die ihn schützen sollte vor der Willkür oder gar ihrer mutwilligen Vernichtung durch andere. Historisch brisant ist zudem die spezifische Weise, in der die priesterschriftliche Gottebenbildlichkeitslehre sich im Vergleich der Verwendung des Bildbegriffs in Akkad, Assur oder Ägypten formiert: Wurden hier den Herrschern die Funktion der Repräsentation der Gottheit zugeschrieben, so werden die Königsprädikate in Israel gleichsam ‚demokratisiert'.[39] Unterschiedslos alle Menschen, also unabhängig von ihren Eigenschaften im Einzelnen, sind Bild Gottes, und biblisch betrachtet kommt deshalb jedem Menschen eine unbedingte Würde zu.

Der christliche Inkarnationsglaube hat die alttestamentliche Gottebenbildlichkeitsaussage nochmals verstärkt. Gott wird deshalb Mensch, um geschichtlich real werden zu lassen, was er ist und für einen jeden einzelnen Menschen sein will: unendliche Liebe, die keinen Menschen verloren gibt, die allen Menschen nachgeht.

Dass sich die Einsicht in die unbedingte Würde eines jeden Menschen, vermittelt durch das Bewusstsein seiner Gottebenbildlichkeit, in der Geschichte nur schwer durchsetzen konnte und das Ringen um ihre praktische Bedeutung bis heute anhält, ist nicht zu bestreiten. Und auch nicht zu bestreiten ist, dass gerade diejenigen, die für diese Würde in besonderem Maße einzustehen aufgefordert waren, die Christen, gemessen daran, dass diese Würde einem jeden Menschen ausschließlich aufgrund seines Menschseins zukommt, also unabhängig auch von seiner Religion, schuldig geworden sind. Diese historischen Tatbe-

[39] Vgl. H. Seebaß, Genesis I. Urgeschichte (1,1–11,26), Neukirchen-Vluyn 1996, 80. Insgesamt zur Gottebenbildlichkeitsvorstellung und zur neueren Diskussion W. Groß, Die Gottebenbildlichkeit des Menschen im Kontext der Priesterschrift, in: ThQ 161 (1981) 224–261; ders., Die Gottebenbildlichkeit des Menschen nach Gen 1, 26.27 in der Diskussion des letzten Jahrzehnts, in: BN 68 (1993) 35–48.

stände führen aber nicht die Idee der Gottebenbildlichkeit und damit die Idee von der Würde eines jeden Menschen selbst ad absurdum. Und darüber hinaus wird man auch die Geschichte nicht auf eine Schuldgeschichte des Christentums begrenzen können, selbst wenn es, angesichts seiner Geschichte, kein wahrhaftiges Christentum ohne Schuldbekenntnis mehr geben kann.

Um an einem Beispiel klarzumachen, wie stark die Idee der Gottebenbildlichkeit gewirkt hat[40]: Wie vielleicht nirgends sonst lässt sich diese humanisierende Wirkung der Gottebenbildlichkeitsidee historisch auf dem Gebiet des Umgangs mit Kindern nachvollziehen. Während diese in der Antike praktisch noch keine Rechte hatten, war es die Praxis der Kindertaufe, die die unbedingte Würde auch von Kindern als Teil der Menschheitsfamilie zur Geltung brachte. Historisch wirksam war die Idee der Gottebenbildlichkeit auch noch, als das Denken des Westens sich allmählich aus seinen theologischen Vorgaben löste. Noch *Kant* war in seinem Nachdenken über den Menschen zweifellos von dieser Idee entscheidend bestimmt. Denn wenn er als kategorischen Imperativ, dem jede mögliche Handlung sich zu beugen hat, definiert, dass jeder Mensch als Zweck an sich selbst zu betrachten sei, dann spiegelt sich darin nichts anderes wider, als eben diese Vorstellung der unbedingten und unantastbaren Würde eines jeden Menschen. Allein mit dem Unterschied zur theologischen Tradition, dass diese Würde für Kant einem jeden Menschen nicht aufgrund seiner Gottebenbildlichkeit zukommt, sondern wegen seines Menschseins. Das heißt: Kant löst den Grund dafür, einen jeden Menschen unbedingt achten zu sollen,

---

[40] Insgesamt zur humanisierenden Wirkung des Christentums vgl. jetzt neuerdings, aus aktuellem Anlass, A. Angenendt, Vom Segen des Christentums. Wider Herbert Schnädelbachs Rede von den „Todsünden“, in: Christ in der Gegenwart 52 (2000) 213f. Ohne eine Geschichtsglorifizierung zu betreiben, weist Angenendt an einer Vielzahl von Beispielen (u.a. Germanen- und Slavenmission, Demokratisierungseffekt des Gerichtsgedankens in Bezug auf das menschliche Heil, Abschaffung der Menschenopfer, Nichtigkeit der Zwangstaufen) nach, wie das Christentum in der Welt der Antike und des Mittelalters dahingehend verändernd wirkte, dass es die unbedingte Würde eines jeden einzelnen zur Geltung brachte.

aus der Voraussetzung des Glaubens und damit Gottes heraus; selbstverständlich aber bewegt sich seine Ethik, achtet man auf ihre Konsequenzen für das zwischenmenschliche Miteinander, noch in der jüdisch-christlichen Tradition.

Und auch der, im Vergleich zu Kant, theologisch noch unverdächtigere *Jürgen Habermas* hat nachdrücklich auf die tiefe Prägekraft des jüdisch-christlichen Glaubens hingewiesen, die dieser für die Entwicklung der Neuzeit und damit einhergehend für deren Begriff von Humanität hatte – trotz ihrer ja überhaupt nicht zu unterschlagenden Ambivalenzen und geschichtlichen Katastrophen. Es sei „die Idee des Bundes, der dem Volke Gottes und jedem seiner Angehörigen eine durch ihre Leidensgeschichte hindurchgreifende Gerechtigkeit verheißt", gewesen, „die im Horizont einer unversehrten Intersubjektivität Freiheit und Solidarität miteinander verschränkt", die „ihre Sprengkraft auch innerhalb der Philosophie entfaltet und die argumentierende Vernunft für die praktischen Erfahrungen der bedrohten Identität geschichtlicher Existenzen aufnahmefähig gemacht" habe.[41] Und zu diesen, ohne den jüdisch-christlichen Glauben nicht denkbaren Begriffen neuzeitlicher Philosophie rechnet Habermas unter anderen den der subjektivem Freiheit einschließlich der Forderung des gleichen Respekts für einen jeden Menschen, gerade auch des Fremden in seiner Eigenheit und Andersheit, den Begriff der moralischen Autonomie als Selbstbindung des Willens aus eigener Einsicht und den „Begriff der Befreiung – als Emanzipation aus entwürdigenden Verhältnissen wie als utopischer Entwurf einer gelingenden Lebensform".[42]

---

[41] J. Habermas, Israel oder Athen: Wem gehört die anamnetische Vernunft? Johann Baptist Metz zur Einheit in der multikulturellen Vielfalt, in: ders., Vom sinnlichen Eindruck zum symbolischen Ausdruck. Philosophische Essays, Frankfurt/M. 1997, 98–111, 102f.

[42] Ebd. Vgl. auch ders., Über Gott und die Welt. Eduardo Mendieta im Gespräch mit Jürgen Habermas, in: J. Manemann (Hg.), Befristete Zeit (= Jahrbuch politische Theologie; 3), Münster 1999, 190–209, 191: „Das Christentum ist für das normative Verständnis der Moderne nicht nur eine Vorläufergestalt oder ein Katalysator gewesen. Der egalitäre Universalismus, aus dem die Ideen von Freiheit und solidarischem Zusammenleben, von autonomer Lebensführung und

Stimmt die historische Herleitung dieser für ein mögliches Menschsein fundamentalen Begriffe, dann ist die Bedeutung der Vorstellung der Gottebenbildlichkeit des Menschen selbst dann noch, wenn man sie aus ihrem theologischen Kontext herauszieht, von überhaupt nicht zu überschätzender Bedeutung.

Darüber hinaus entfaltet diese Tradition des Gottebenbildlichkeitsdenkens ihre Bedeutung ja nicht nur für das, was man unter der Frage *Was ist der Mensch?* versteht. Zumindest im Kantischen Verständnis der Frage beinhaltet diese auch die Frage nach der Zukunft des Menschen: Was darf ich hoffen? Gibt es eine Zukunft für den Menschen über seinen Tod hinaus? Gibt es Gerechtigkeit für die Gedemütigten und Erschlagenen, an die kein menschlicher Gerechtigkeitswille mehr heranreicht? Die jüdisch-christliche Tradition kennt keine Bestimmung des Menschen, die nicht auch seine Zukunft umfasst; die nicht auch noch eine Zukunft umfasst, für die einzig Gott, die aus dem Tod retten könnende Macht, aufkommen kann. Auch Kant wusste noch darum, dass der Mensch ohne die Hoffnung auf einen Gott nicht auskommen kann, ja schärfer noch: Kant bestand darauf, dass der Mensch sogar moralisch verpflichtet sei, auf einen Gott zu hoffen, der Sinn verbürgt. Denn nur ein Gott und kein Mensch kann den Sinn menschlicher Existenz definitiv verbürgen; einen Sinn aber, den ich moralisch verpflichtet bin für einen jeden Menschen zu erhoffen. Und diese Verpflichtung existierte für Kant völlig unabhängig davon, ob der Mensch die Existenz Gottes zu beweisen imstande sei oder nicht. Mit Kant gefolgert: Wenn der Himmel leer ist, mag die Hoffnung auf Sinn zwar ins Leere laufen. Völlig unabhängig davon, so paradox dies klingen mag, bin ich aber dennoch verpflichtet, auf diesen Sinn zu hoffen, und zwar um des anderen Menschen willen.

Emanzipation, von individueller Gewissensmoral, Menschenrechten und Demokratie entsprungen sind, ist unmittelbar ein Erbe der jüdischen Gerechtigkeits- und christlichen Liebesethik. In der Substanz unverändert, ist dieses Erbe immer wieder kritisch angeeignet und neu interpretiert worden. Dazu gibt es bis heute keine Alternative. Auch angesichts der aktuellen Herausforderungen einer postnationalen Konstellation zehren wir nach wie vor von dieser Substanz. Alles andere ist postmodernes Gerede."

Wie verhält Sloterdijk sich zu dieser Tradition? Zur Tradition der Gottebenbildlichkeit, einmal in ihrer theologischen, dann aber auch in ihrer subjektphilosophischen Fassung der Neuzeit? Dass Sloterdijk dieser Tradition keine Bedeutung mehr für die Gegenwart abgewinnt, bedarf eigentlich keiner Erwähnung. Zumindest werden Hoffnungen, die sich auf etwas richten, was über die Faktizität des Daseins hinausreicht, nicht mehr ausgesprochen. Für Sloterdijk ist die Vorstellung der „Gottebenbildlichkeit [...] mehr und mehr zu einer peinlichen Idee aus der theologischen Kinderstube der Gattung"[43] geworden; eine – in der Diktion Nietzsches – Vorstellung der ‚Hinterweltler': eine Reprojektion Gottes auf den Menschen.[44] Im Klartext: Wer heute noch an dieser Vorstellung, dass der Mensch nach dem Bild Gottes geschaffen sei, festhält, ist für Sloterdijk und Nietzsche, gattungsgeschichtlich betrachtet, zurückgeblieben.

Und entsprechend deutet Sloterdijk – im völligen Einklang mit den entsprechenden Analysen Nietzsches – auch die Geistesgeschichte der westlichen Welt, nämlich als die allmähliche Bewusstwerdung des Todes Gottes und in eins damit als Neubestimmung des Menschen. „Die Menschheitsgeschichte ist die Geschichte der Konterrevolution des Menschen gegen die Menschwerdung Gottes."[45] Die Idee der Gottebenbildlichkeit des Menschen, die durch die Vorstellung der Menschwerdung Gottes in der Person Jesu – Gott selbst wird Mensch und verleiht damit der menschlichen Kreatur eine unbedingte Würde! – eine ungeheure geschichtsmächtige, ja geradezu revolutionäre Kraft aus-

---

[43] P. Sloterdijk, Weltfremdheit, es 1781, Frankfurt/M. 1993, 37.

[44] „Ach, ihr Brüder", spricht Zarathustra, „dieser Gott, den ich schuf, war Menschen-Werk und -Wahnsinn, gleich allen Göttern!. Mensch war er, und nur ein armes Stück Mensch und Ich: aus der eigenen Asche und Glut kam es mir, dieses Gespenst, und wahrlich! Nicht kam es mir von Jenseits!" F. Nietzsche, Also sprach Zarathustra, KSA 4, 35.

[45] Die Sonne und der Tod. Über mentale Gitterstäbe, Erregungslosigkeit und Posthumanismus sowie über die Unheimlichkeit des Menschen bei sich selbst. Peter Sloterdijk im Gespräch mir Hans-Jürgen Heinrichs, in: Lettre 32 (2000) 32–47 (künftig zitiert, P. Sloterdijk, Interview Lettre), 14f.

geübt hatte, bis hin zur Geltendmachung des Subjektprinzips in der Neuzeit, hat in der Sloterdijkschen geschichtsphilosophischen Betrachtung ausgedient; sie ist nicht mehr der antreibende Motor der Menschheitsgeschichte. Doch nicht nur dies. Auch die Vorstellung eines freien menschlichen Subjekts, die die treibende Leitidee philosophischer und kultureller Prozesse in der Neuzeit war, verliert für ihn an Überzeugungskraft, wird nun als Fiktion durchschaut. Das nun einsetzende Revolutionsgeschehen besteht in der Sloterdijkschen Logik darin, dass Abschied genommen wird von der europäischen Subjekt- und Bewusstseinsphilosophie; dass Abschied genommen wird von deren Ursprungsimpuls und -einsicht, dass ich es bin, der denkt und aus eigener, moralisch bestimmter Selbstgesetzgebung zu handeln hat und handelt, und dass diese Gewissheit unmittelbar gewiss, durch nichts und niemanden zerstörbar ist. Statt dessen soll der Mensch sich fortan als Moment von Ereignissen und Prozessen begreifen, derer er nicht habhaft werden kann, sondern die ihn, den Menschen, als Medium nutzen. Nicht mehr soll freie Selbstbestimmung künftig sein können, wo noch nur die Anlage zur möglichen Freiheit ist; es gibt keine mögliche, folglich auch keine wirkliche Freiheit. Und erst recht verwirklicht sich wahres Menschsein nicht, wie etwa bei Augustinus, in der Beziehung des Ich zu Gott, einer Beziehung, die immer auch Bekehrung zu Gott und als diese Bekehrung Rückkehr zu sich selbst ist. Die eigentliche ‚Bekehrung' resultiert statt dessen aus der Einsicht, dass ich nicht Subjekt meiner selbst bin. Ob der mit einem Ichbewusstsein, das zugleich das Bewusstsein seiner Freiheit ist, ausgestattete Mensch sich wirklich dergestalt in die Objektstellung theoretischer Vernunftreflexion bringen und sich dann zum Medium, also zum medialen Objekt nicht-subjekthafter Prozesse, erklären kann, soll an dieser Stelle nicht diskutiert werden. Wie Sloterdijk diese Verabschiedung des Subjektdenkens begründet, wird noch darzustellen sein. Dass an der Durchführung erhebliche Zweifel bestehen, dürfte aber jetzt schon deutlich sein.

Sloterdijk weiß sehr genau um die Zusammenhänge von Religion und modernen Demokratievorstellungen, von ursprünglich aus religiösen Kontexten stammenden Vorstellungen von Gerechtigkeit und deren Fortleben in säkularisierten Gesellschaften. Damit schließt er sich faktisch der historischen Rekonstruktion dieser Zusammenhänge, wie Habermas sie vornimmt, an, gibt ihnen dann aber in einem zweiten Schritt eine völlig andere Sinnrichtung. Auf die Frage, ob „in moralischer Perspektive [...] die Entwicklung zur globalen Mobilmachung" nicht moralisch verwerflich sei und ob heute „unter dem Deckwort Innovation" nicht „der zynischste Sozialdarwinismus aller Zeiten sich freie Bahn" schaffe, kann Sloterdijk nur zur Zurückhaltung mahnen. Und zwar deshalb, weil solche Urteile „zu einem religiösen Sprachspiel gehören – zum Sprachspiel der Reinheit inmitten einer Welt voll Schmutz"[46]. Innovation in Richtung auf mehr Gerechtigkeit kann es nicht geben. Nicht Erlösung, auch nicht in ihrer säkularisierten Beerbung als Gerechtigkeitsidee, sondern höchstens Erleichterung: „Der Erleichterer löst den Retter ab, das ist die Quintessenz der modernen Zeiten"[47], die Wiedergeburt des Tragischen. „Soviel Erleichterung wie möglich, soviel tragisches Bewußtsein wie nötig", „Leichtigkeit aus Schwere"[48]. Auch in der Rehabilitierung des Tragischen, des Nicht-Auflösbaren, das zugleich ein Scheitern der neuzeitlichen Politikidee mit sich zieht, steht für Sloterdijk Nietzsche als Vorläufer Pate.

Zwischenbemerkung. Sich provozieren lassen müssen: Fundamentaltheologische Ortsbestimmung

Aus theologischer Perspektive mag man Sloterdijks Äußerungen zur Gottebenbildlichkeitsidee in der Sache für völlig inadäquat, ja vielleicht sogar als Ausdruck des Seinwollens wie Gott, als Hybris, und damit als Ausdruck der Sünde abtun. Allerdings kann man nur davor warnen, es sich hier zu leicht zu machen. Angesichts der Provokation für das Glaubensbewusstsein, wie

[46] P. Sloterterdijk, Selbstversuch, 126.
[47] Ebd., 127.
[48] P. Sloterdijk, Selbstversuch, 129.

sie bei Sloterdijk begegnet, kann nicht einfach das Beharren auf der eigenen, glaubensbiographisch und theologisch geprägten Position die gebotene Wahrnehmung der Zeichen der Zeit sein. Was gefordert ist, sind Argumente. Und zwar Argumente, die dann sehr wohl, wider die Mainstreams des herrschenden Bewusstseins, an dem Glauben an der Gottebenbildlichkeit des Menschen festzuhalten erlauben; die es erlauben, den Menschen auch weiterhin als den von Gott gewählten Partner seines Liebeswillens zu verstehen.

Doch müssen diese Argumente philosophischer Natur sein. Denn um der mögliche Partner Gottes sein zu können, muss der Mensch mindestens eines sein: ein mit Freiheit begabtes Wesen, das als dieses Wesen Gottes fähig und, im weitesten Sinn, auch bedürftig ist. Wird aber das Menschsein philosophisch darauf beschränkt, reines Selbstexperiment zu sein, dann lässt sich diese Verwiesenheit nicht mehr plausibel machen. Von daher, um es zu wiederholen, kann der Streit mit Sloterdijk nur philosophisch geführt werden. Und er muss auch geführt und darf nicht nur eingefordert werden: Denn schließlich steht der Verdacht im Raum, dass diejenigen, die sich immer noch an die Idee der Gottebenbildlichkeit klammern, der Kinderstube der Menschheit noch nicht wirklich entkrabbelt sind.

Er muss einmal deshalb geführt werden, um überhaupt eine Basis im Ringen um eine mögliche theologische Bestimmung des Menschen zu finden, zumal – und darin besteht eine der öffentlichen Aufgaben wissenschaftlicher Theologie – mit den Gebildeten unter ihren Verächtern. Wenn man so will: in streng apologetischer Absicht. Und dann muss er geführt werden, damit die in der Vorstellung der Gottebenbildlichkeit leitende Grundidee, dass der Mensch der nach seinem Bild von Gott geschaffene Partner seines unbegrenzten Liebeswillens sei, eine denkbare Idee bleibt und philosophisch verantwortet wird, damit der Glaubende, der sich als Bild Gottes weiß, in eigener Überzeugung zustimmen kann. Die theologische Wahrheitsidee, wie der Begriff der Wahrheit überhaupt, verträgt keine Unentschiedenheit[49], auch nicht im Dialog über die Bestimmung des Menschen. Denn wenn der christliche Glaube davon ausgeht, dass Gott Wahrheit für die Menschen sein will, Gott mit seinem unbegrenzten Liebeswillen einen jeden Menschen erfüllen will, dann ist der Anspruch dieser Wahrheit universal. Und dieser Anspruch muss dann auch universal vertretbar sein und vertreten werden, theoretisch und praktisch. Entzieht sich der Glaube dieser theoretischen Verantwortung, so setzt er sich dem berechtigten Verdacht aus, seinen eigenen Wahrheitsanspruch deshalb nicht mehr vertreten zu wollen, weil er es nicht mehr kann.

Doch der Streit muss auch noch aus einem dritten Grund geführt werden: In der Sloterdijkschen Logik ist es nur konsequent gedacht, dass, nachdem die Idee der Gottebenbildlichkeit verblichen ist, „der Erwachsene der Neuzeit“ sich damit begnügt, „den besten Exemplaren seiner eigenen Spezies gleichen zu wollen, auch und gerade wenn diese keine Ebenbilder Gottes, sondern *nur* Menschen gewesen sein sollten“[50]. Doch wer sagt schon, dass die besten Spezies der eigenen Gattung diejenigen sind, die die alte Idee Humanität und damit die Idee von der unbedingten Würde und der seinsollenden Freiheit eines jeden Menschen

---

[49] Vgl. H. Verweyen, Theologie im Zeichen der schwachen Vernunft, Regensburg 2000, bes. 46. Zu den Dimensionen, die der christliche Wahrheitsanspruch umfasst, vgl. Th. Pröpper, Freiheit als philosophisches Prinzip der Dogmatik. Systematische Reflexionen im Anschluß an Walter Kaspers Konzeption der Dogmatik, in: E. Schockenhoff / P. Walter (Hg.), Dogma und Glaube. Bausteine für eine theologische Erkenntnislehre, Mainz 1993, 165–192, 172f: „Wenn Gott, die alles bestimmende und begründende Wirklichkeit, sich selbst offenbarte, dann ist dadurch alle Wirklichkeit betroffen und für die Bewahrheitung dieses Glaubens in Anspruch genommen. Und wenn insbesondere, in eins mit Gott selber, die endgültige Bestimmung des Menschen offenbar wurde, dann muß diese Wahrheit für alle auch bedeutsam und jeder Mensch – wie bewußt oder verborgen auch immer – von seinem Wesen her für sie ansprechbar sein. Rechenschaft verlangt die Wahrheit des Glaubens also 1. hinsichtlich ihrer Begründung in dem von ihr selber als Offenbarung bezeugten geschichtlichen Ursprung, 2. hinsichtlich ihrer theoretischen Möglichkeit und ihrer Vereinbarkeit mit dem nichttheologischen Wissen sowie 3. hinsichtlich ihrer universalen, alle Menschen angehenden und sie beanspruchenden Bedeutsamkeit.“

[50] P. Sloterdijk, Weltfremdheit, 37f.

hochhalten? Daraus folgt aber, dass eine Theologie, die sich nur um den Preis ihrer Selbstaufgabe davon dispensieren kann, sich einzumischen, wenn es um die Würde des Menschen geht, diesen Streit führen *muss*. Sie *kann* es aber nur, indem sie argumentiert, und das heißt eben auch: indem sie den philosophischen Begründungsansprüchen ihrer Rede Genüge tut. Ein purer Biblizismus mag zwar die Zeichen der Zeit gehört haben, er wird aber selber wohl kaum mehr gehört werden.

Die angedeuteten möglichen Konsequenzen, die dieser Verlust des Glaubens an seine Gottebenbildlichkeit für den Menschen nach sich zieht, sind nicht zu überschätzen, und sie zeigen sich auch noch in der Elmauer Rede. Will man deshalb ihre ethischen Implikationen substantiell diskutieren, muss man dies auf dem Boden seiner philosophischen Anthropologie tun.

Subjektdekonstruktion

Sloterdijks anthropologische Argumentationen erfolgen erklärtermaßen von einem posthumanistischen Standpunkt aus. Unter Posthumanismus versteht er ein Nachdenken über den Menschen, das die Ideen von Selbstbestimmung und Freiheit ihres unaufgeklärten Ursprungs überführt hat und beansprucht, gerade darin antitheologisch – jedenfalls gegen die großen monotheistischen Religionstypen gerichtet – und antineuzeitlich zu sein. Setzte doch die Neuzeit alles daran, das Subjekt philosophisch zu etablieren. Faktisch schreibt Sloterdijks Anthropologie sich in von ihm selbst identifizierte, seit zwei Jahrhunderten ablaufende „tiefenpsychologische Aufklärungsgeschehnisse" ein, die „für eine nachreligiöse Vertiefung des Subjekts sorgen"[51]. Philosophie verwandelt sich für ihn nun in „eine Vorschule der Gynäkologie"; mit „heterodoxer Energie" geht Sloterdijk daran, „philosophische Großthematiken wie ‚das Subjekt', ‚die Autonomie', ‚die Freiheit', ‚das Sein', das Nichts' zu gynäkolisieren" und

---

[51] P. Sloterdijk, Der Denker auf der Bühne. Nietzsches Materialismus (= es 1353), Frankfurt/M. 1986, 184.

in einem Zuge damit die abendländische Metaphysik des Subjekts als den rein andrologisch durchgeführten Versuch zu dekonstruieren, „die Unheimlichkeit des Geborenseins durch machtbetonte Selbstaufrichtungen zu unterwandern“. Und zwar streng „real-gynäkologisch“, wie Sloterdijk sich nicht nehmen lässt zu betonen, um „die klassische Definition von Philosophie als Geburtshilfe der ‚Seele‘ zu unterwandern“[52]. Was sich in der Vorstellung der Konterrevolution gegen die Vorstellung der Gottebenbildlichkeit noch primär als Ereignis darstellte – der Mensch ist nicht so sehr Subjekt als vielmehr Medium –, wird nun Programmatik. Dabei vergisst Sloterdijk nicht, wenn er diese Umwandlung der Philosophie betreibt, darauf hinzuweisen, dass auch dann, wenn er derjenige ist, der diese Umwandlung der Philosophie betreibt, er doch auch nur Medium ist und bleibt. Man möchte fast sagen: er das alttestamentliche Prophetenschicksal erleidet, in die Wahrheit getrieben zu sein. Wobei diese jedoch, auf diesen gravierenden Unterschied muss hingewiesen werden, wenngleich sie auch von Gott getrieben und ermuntert wurden, sich doch zu ihrer Berufung *entscheiden* mussten. Das Prophetenschicksal war keines einer reinen Medialität, kein Fatum. Dagegen Sloterdijk, sich selbst beschreibend: „Ich verstehe mich als einen Menschen, der in der Medienwelt dazu verurteilt ist, ein Medium zweiten Grades zu sein. Man muss nur begreifen, dass der Begriff des Mediums zwei grundsätzlich verschiedene Bedeutungen hat, die übrigens umgangssprachlich noch leicht zu vergegenwärtigen sind. Es gibt die personalen Medien, also Menschen, die Medien sind, und es gibt Medien, die als Apparate die Sendungen anderer Leute weitertragen. Wenn man diese beiden Medienbegriffe enger zusammenrückt, kommt man natürlich zu einer Art von Apparateverdacht gegen sich selbst, wenn man ein menschliches Medium ist. Ich würde mich am liebsten mit einem Klavier vergleichen, das plötzlich von selber zu spielen anfängt, auf dem sozusagen telekinetische Pianisten sich betätigen. Ein automatisches Klavier des Zeitgeistes. [...] Es ist nicht so, daß ich wie ein Christ

52 P. Sloterdijk, Eurotaoismus, 160.

oder wie ein Missionar oder wie einer, der im Namen eines Senders predigen muß, durch die Welt laufe. Aber ich habe tatsächlich eine Art Einstrahlung aufgenommen, habe eine Ur-Investition von Erfahrungen erlebt, die von anderer Seite kamen und die in mir eine Art Dankbarkeit, aber auch ein aktives Echo, hervorgerufen haben, und ohne beides wäre meine Schriftstellerei nicht zu denken."[53]

Einer der entscheidenden philosophischen Gewährsleute in punkto Subjektdekonstruktion bildet für Sloterdijk wiederum Nietzsche. Dieser sei es gewesen, der das Subjekt dezentriert hat, „die Autonomiefiktion respektvoll verabschiedet" hat und gerade so die Perspektive „einer gültigen Konstitution von Ich und Wille" eröffnet hat.[54] Ob gültig oder nicht, sei hier dahin gestellt. Zuzustimmen ist Sloterdijk in jedem Fall in dem Punkt, dass der Skopus der Philosophie Nietzsches in der Tat in seiner Subjektkritik liegt – einer Kritik, die ihm nur möglich wurde, weil er „mit einer Unbekümmertheit, die noch heute Staunen verdient, den moralischen Knoten der Moderne durchhauen" hat; weil er, „statt das Leben unter einer ewig unbefriedigten Moral zu bemäkeln", damit begann, „die Moral unter der Optik eines ewig unverbesserlichen Lebens zu betrachten"[55]. Nietzsches, am Subjektpathos der Neuzeit gemessen, antineuzeitliche, weil dekonstruierende Subjektkritik wird in diesem Band noch eigens thematisiert.[56] Hingewiesen sei hier nur auf die Möglichkeit, die Sloterdijk angesichts dieser Subjektkritik für eine Neuorientierung in der Frage nach dem Menschen am Horizont aufscheinen sieht: „Was auf den ersten Blick wie eine bittere Vertreibung aus dem Mittelpunkt erscheint, könnte sich auf den zweiten als abenteuerliche Bereicherung erweisen – falls es zutrifft, daß in der Bewußtwerdung der Dezentrierung das Subjekt ohnehin nur aufgibt, was es nie besaß: seine Autonomie, und gewinnt, was ihm durch die Illusion der Autonomie verloren

[53] P. Sloterdijk, Interview Lettre, 6f.
[54] P. Sloterdijk, Der Denker auf der Bühne, 169.
[55] P. Sloterdijk, Der Denker auf der Bühne, 161.
[56] Vgl. hierzu den zweiten Aufsatz dieses Bandes.

gehen mußte: das Spiel seines Leibes und seinen dialogisch-ekstatischen Status. Während das zentrierte Subjekt der Effekt einer Grammatik ist, die das lebendige Bewußtsein zwischen Du-sollst und Ich-will zu Tode hetzt, wäre das dezentrierte Subjekt das erste, das zu Recht von sich sagen dürfte: Ich bin."[57] Freiheit von der Autonomie, Einsicht in die illusorischen Charakter der Möglichkeit autonomer Selbstbestimmung wird als die große Befreiung deklariert. Während der Neuzeit, insbesondere Kant und Fichte, alles daran lag, dem Interesse der Freiheit für sich selbst philosophisch Genüge zu tun, will Sloterdijk entlasten: Entlasten durch den Nachweis, dass der Hase zwischen dem Igel des Du-sollst und dem Igel des Ich-will, sieht man genau hin, sich in Wirklichkeit gar nicht zu Tode hetzt, sondern den Hasen nur der Glaube, dass er zu rennen habe und nun auch wirklich renne, atemlos werden lässt.

Entsprechend bestimmt Sloterdijk auch den Gewissensbegriff: „Gewissen sind in erster Linie nicht Selbstverhältnisse *von* Individuen, sondern Selbstverhältnisse der Welt, wenn es auch wahr ist, daß nur Individuen als ontologische Lokale solcher Weltselbstverhältnisse in Frage kommen."[58] Dennoch besteht Sloterdijk darauf, dass seine Überlegungen „nicht auf einen immoralistischen Kurzschluß zwischen einer heillosen Welt und gewissenlosen Seelen" zielten, „sondern auf die mediale Einspannung der bewegten Gewissen in die Selbstregulierungen der Welt"[59]. Völlig konsequent setzt Sloterdijk sein Vertrauen, dass der Weltprozess kein tragisches Ende nimmt, darauf, dass diesem Prozess intelligente und generöse Strukturen zu Grunde liegen; individuelle Gewissen sind dann nichts anderes als „intelligente Sensoren einer Welt, die eben durch deren Auftreten in ein Selbstheilungsverhältnis zu sich treten kann."[60]

Bezieht man diese Logik auf die Elmauer Rede, so müsste sich Sloterdijk als ein solches intelligentes Sensorium begreifen; als

---

[57] P. Sloterdijk, Der Denker auf der Bühne, 169.
[58] P. Sloterdijk, Eurotaoismus, 239.
[59] Ebd., 240.
[60] Ebd.

ein Sensorium, in dem der Weltprozess auf erstaunliche Weise sich selbst rettet, dieses Mal durch die Nutzung gentechnologischer Möglichkeiten. Der Philosoph, der Weise als mediales Ereignis einer Welt, die sich selbst retten will. Mindestens zwei Fragen stellen sich aber ein: Ist es erstens nicht reichlich anthropomorph gedacht, dem Weltprozess einen Selbsterhaltungswillen zu unterstellen, so dass der Prozess nicht nur vorwärts geht, sondern sich auch in der Gattung Mensch noch den eigenen Spiegel vorhält? Und ist es zweitens möglich, dieses Geschehen konsequent ohne Freiheit des Menschen zu denken? Offensichtlich nicht. Was schon daran deutlich wird, dass Sloterdijk sehr wohl eine Notwendigkeit für den Menschen annimmt, in eigener Selbstgesetzgebung ein reales Weltverhältnis auszubilden. Sloterdijk beschreibt diese Notwendigkeit unter anderem an dem Phänomen, dass Menschen sich weigern, sich zu individuieren, ein Gewissen zu bilden; Phänomene, „die bei Interessierten und Leuten mit Endverbrauchergesinnung typisch" seien.[61] Und auch ganz grundsätzlich reduziert Sloterdijk den Menschen keineswegs auf seine Symbiosen mit der Welt. „Der menschliche Exodus aus der Biologie"[62] geschieht unausweichlich. Das heißt: Sloterdijk gewährt dem Menschen durchaus die Freiheit, in ein reales, moralisch bestimmtes Selbstverhältnis zur Welt zu treten. Und noch etwas anderes geschieht im Kontext dieses Auszugs aus der reinen Biologie: „In dem Maß, wie er das unverhältnismäßige Wesen ist, das in geburtlicher Exponiertheit aus seiner Umwelt herausfällt, wird der Mensch anfällig für die Wahrheitsfrage. [...] In der Wahrheitsfrage wird uns die Rechnung für den Luxus der Menschwerdung präsentiert. Das Wesen der Wahrheit ist der Leichtsinn, kein Tier zu sein."[63]

Andererseits hält Sloterdijk, man möchte beinahe sagen, wie selbstverständlich daran fest, dass Freiheit nur eine Fiktion ist. Wie auch Nietzsche begreift Sloterdijk die Einsicht in den illusionären Charakter von Freiheit und Autonomie als Folge einer

[61] Vgl. ebd., 239. Zitat ebd.
[62] Ebd., 263.
[63] Ebd., 263f.

zweitausendjährigen Zucht zur Wahrheit; einer Zucht, die das Christentum der Menschheit hat angedeihen lassen, die sich schließlich aber nicht nur gegen das Christentum, sondern auch gegen das Freiheitspathos der Neuzeit wendet. Letzteres eben deshalb, weil „die Aufklärung voraussetzt, was nicht vorauszusetzen ist, die Souveränität des Individuums", „eine arge Chimäre", das „Trugbild aller Trugbilder", und dennoch „ein notwendiges vielleicht, ein für die moderne Kultur unentbehrliches". Darüber hinaus erklärt Sloterdijk, wiederum völlig parallel zu Nietzsche und dessen Begriff des letzten Menschen, die Flucht in eine nur noch simulierte Welt des schönen Scheins damit, dass das Pathos der Freiheit als Lüge durchschaut ist, auch wenn man sich dies nicht wirklich zugesteht: „Individuen sind heute per se frei und souverän, und basta. Damit wird die gesamte Freiheitsgeschichte durch einen Sprung in eine fiktive Souveränität beendet. Und dieser Sprung hat etwas für sich: Zweitausend Jahre Christentum, zweihundert Jahre permanente Revolution – man möchte Ergebnisse sehen, man ist der endlosen Vorbereitungen auf die Freiheit müde. Loskettung, Erlösung, Befreiung, Heilung, Versöhnung – das alles sind für jemanden, der Ergebnisse will, frustrierende Begriffe, peinliche Ausdrücke sogar. Die Erlöser haben uns immer nur verschieden auf die Freiheit vorbereitet, es kommt darauf an, sie als erreichte vorzutäuschen. Das ist der Sinn der Simulationen. Wo die Religionsgeschichte endet, fängt die Design-Geschichte an. [...] Das souveräne Individuum, noch arme Sau, und doch schon Modekönig."[64] Man könnte von einer List der Vernunft sprechen: Dass die menschliche Freiheit endlich anfängt, und dann doch keine ist, weil sie nichts mit sich anfangen kann.

[64] P. Sloterdijk, Selbstversuch, 103f.

Warum man ist, was man ist. Vertiefende Anthropologie als Real-Gynäkologie

Sloterdijk ist, im Vergleich zur Tradition der philosophischen Anthropologie, bescheiden. Und er hat auch den Grund benannt, der den Menschen verführt hat, sich die Krone der Schöpfung anzumaßen. „Das Cogito des Todes hat auch den kleinsten Ansatz zu einem Cogito der Geburt erstickt – bis Heidegger und bis heute. Aber wenn das Zeitalter der Metaphysik wirklich enden sollte, dann wäre es nicht das Ich-sterbe, das alle meine Vorstellungen muß begleiten können, sondern das Ich-komme-zur-Welt. Eine nachmetaphysische Zuwendung des Denkens zur endlichen Erde kann nicht im Zeichen der Sterblichkeit stehen, die für immer ein Motiv der metaphysischen Versuchung bleibt, sondern nur im Zeichen der Geburtlichkeit. [...] Die radikalste Selbstverkennung von Menschen bezieht sich nicht darauf, daß sie sich weigern zu erkennen, daß sie sterben werden, sondern daß sie dem Gedanken ‚Ich-bin-aus-der-Geburt' in panischer Flucht ausweichen. Keiner will bei dem Ereignis, das ihn ans Licht der Welt brachte, dabeigewesen sein. Geborenwerden – das passiert nur den anderen."[65]

Welche Aufschlüsse Sloterdijk über die faktische Daseinsweise des Menschen aus der radikalen Hinwendung des philosophischen Fragens zum ‚Ich-bin-aus-der-Geburt' gewinnt, wird noch zu zeigen sein. Seine Zielsetzung ist es jedenfalls, gegen jedes theologische Denken und seine humanistischen Abkömmlinge eine neue, in seinen Augen freie Sicht auf den Menschen zu gewinnen. Eine freie Sicht, deren Markenzeichen Selbstbescheidung ist. Nicht nur Selbstbescheidung in dem Sinn, dass der Mensch lernen muss, in seinem Erkennen- und Handelnkönnen begrenzt zu sein. Sloterdijks freie Sicht auf den Menschen ist weitaus bestimmter: Zwar fällt der Mensch qua Geburt aus dem unmittelbaren Naturzusammenhang hinaus und gewinnt nun, nach „seinem Abschied von seinem intrauterinen Leben, das vermutlich das einzige Stadium seines Empfangs bei der

---

[65] P. Sloterdijk, Eurotaoismus, 204.

Welt ist, das wirklich heimlichen, das heißt heimatlichen Charakter besitzt“[66], die Gestalt eines „konstruktiven Tieres“. Doch empfängt es diese Gestalt nur notgedrungen. Denn der Mensch muss nun diese Gestalt auch gewinnen, da die „physische Geburt des Menschen [...] das Gegenteil eines Zurweltkommens“, „das Herausfallen aus allem ‚Bekannten‘, ein Sturz ins Unheimliche, Sichausgesetztfinden in einer nicht geheuren Lage“[67] ist. Das fehlgeborene Tier weiß um seine Fehlgeburt, und eben dies, darum zu wissen und nun mit sich selbst als Fehlgeburt in einer Welt, die ihm fremd geworden ist, weil er nicht mehr nur ein Ding unter seinesgleichen ist, umgehen zu müssen, macht seine ganze Not aus: „zur Welt kommen“ heißt „im Ungewissen eintreffen – da für Menschen, mehr als für alle anderen Lebewesen, die Welt etwas ist, was nicht von vornherein feststeht und gegeben ist, sondern ermittelt und festgestellt werden muß“[68]. Die Sonderstellung des Menschen im Reich der Natur wird somit von Sloterdijk keineswegs bestritten. Doch kommt ihm eben eine Sonderstellung zu, die eine notvolle ist. Bewusstsein und Vernunft zu haben ist zwar nicht nur, aber eben auch Verhängnis. In erster Linie aber dienen sie dazu, kompensatorisch zu wirken: Der Mensch als „Mängelwesen“ *(A. Gehlen)*[69] kann ihrer nicht entbehren, weil er von Geburt an heimatlos ist.

Zur Naturgeschichte des Menschen hinzu kommt dessen Sozialgeschichte, die eine der Zähmung, eine der Domestikation des Menschen ist. Der aus dem Naturzusammenhang herausgelöste Mensch wird zu einem zahmen Haustier, wird sesshaft gemacht, an Häuser gebunden. Doch verläuft dieser Zähmungsprozess nicht spannungsfrei: „Mit der Zähmung des Menschen durch das Haus beginnt zugleich das Epos von den Haustieren. Deren Bindung an die Häuser der Menschen jedoch ist nicht bloß eine Sache von Zähmungen, sondern auch eine von Ab-

66 P. Sloterdijk, Eurotaoismus, 175.

67 Ebd., 174f.

68 Ebd., 175f.

69 A. Gehlen, Zur Geschichte der Anthropologie, in: ders., Anthropologische und sozialpsychologische Untersuchungen, Reinbek bei Hamburg 1986, 7–25, 17.

richtungen und von Züchtungen"[70] – übersetzt: eine Sache des Machtabgleichs und der Machtausübung durch den Menschen, vorangetrieben durch die der Macht Fähigen.

Für Sloterdijk sind die Wirkungen dieses ersten, humanistischen Domestikations- und Zähmungsprozesses nur von begrenzter Dauer. Die Ortlosigkeit des Menschen in der Welt fordert ihren Tribut. Die mühsam vorgenommene Kompensation der ‚Katastrophe der Geburt', die ihren Niederschlag auch noch in dem Willen des Menschen findet, sich als autonomes Subjekt etablieren zu wollen, funktioniert nicht. Der Mensch scheitert nicht nur in dem Versuch, seine von der Natur ins Dasein gesetzte Subjektivität, die ihn aus dem Gesamtzusammenhang der Dinge ausgrenzt, gegenüber dem drohenden Nichts und dem Tod zu behaupten. Sondern am Ende durchschaut sich auch das Bewusstsein der Freiheit als Fiktion. „So wird das Subjekt am Ende seiner Abarbeitung für sich selbst als zugleich unhaltbare und unauflösliche Fiktion durchsichtig – manche sagen als göttliche Lügengeschichte."[71] Die Anthropologie ist damit „von vornherein darauf angelegt, selbst menschlich, allzumenschlich zu werden. Sie begleitet und bewirkt eine Entwicklung, an deren Ende Nietzsche wird sagen können, daß wir – die mit den Menschen erfahrenen Menschen – des Menschen müde sind."[72]

Der Übermensch. Scheiternde Weissagung ins Zeitalter der künstlichen Reproduzierbarkeit des Menschen

Nicht von ungefähr rekurriert Sloterdijk an dieser Nahtstelle seiner Anthropologie, also dort, wo es um das historische Gewordensein der unser gegenwärtiges Bewusstsein prägenden Auffassung vom Menschen geht, auf Nietzsches Analysen des Nihilismusphänomens. Es muss hier genügen, auf einen bestimmten Punkt hinzuweisen, den Sloterdijk aus Nietzsches Analysen des

[70] P. Sloterdijk, Regeln für den Menschenpark, 35.
[71] P. Sloterdijk, Eurotaoismus, 204.
[72] P. Sloterdijk, Weltfremdheit, 38.

Nihilismus aufgreift, nämlich auf dessen Begriff des letzten Menschen und die kulturkritischen Züge dieses Begriffs. Mit dem letzten Menschen meint Nietzsche den des sich selbst und des Menschen überhaupt müde gewordenen Zeitgenossen. Der letzte Mensch sieht verächtlich auf alles und jeden hinunter; seiner nur noch ironischen Lebenshaltung fällt unmittelbar zum Opfer, was ihm begegnet: jede Sehnsucht und jedes Ziel lohnt der Mühe nicht, da alles sinnlos ist. „‚Was ist Liebe? Was ist Schöpfung? Was ist Sehnsucht? Was ist Stern?' – so fragt der letzte Mensch und blinzelt. Die Erde ist dann klein geworden, und auf ihr hüpft der letzte Mensch, der Alles klein macht. Sein Geschlecht ist unaustilgbar, wie der letzte Erdfloh. ‚Wir haben das Glück erfunden' – sagen die letzten Menschen und blinzeln."[73] Wer keine Vorstellung vom hüpfenden, alles ins Lächerliche ziehenden Menschen hat, der muss nur durch das allabendliche Fernsehprogramm ‚zappen', wo das „Leben ohne Bewandtnis" *(D. Henrich)* fröhlich inszeniert wird, und dies – oder täuscht der Verdacht? – möglichst schrill, um ja keine Fragen aufkommen zu lassen, die den Menschen auf sich selbst zurückwerfen und nach Antworten verlangen, die nicht im Tempo und Wechsel der Bilder immer schon nur die bedeutungslose Spiegelung der Scheinwelt von gestern sind, sondern die Bestand haben. „Die letzten Menschen sind die letzten Postmetaphysiker, die rundum zufriedenen Hier-und-Jetzt-Bewohner. Große Worte und Begriffe sind ihnen gleichgültig geworden, so daß noch nicht einmal die kleinste Irritation von ihnen ausgeht – kein fortschrittsgefärbter Atheismus zum Beispiel, sondern bloß noch die achselzuckende Frage, was Schöpfung sei. Und keine Irritation durch die Frage, wie man leben soll, sondern die Gewißheit, so wie man lebt, sei es richtig – man hat ja das Glück erfunden." Man „versteht einander so gut, daß kein Bruch und kein Schmerz mehr sein darf, keine Frage und keine Skepsis"[74]. Statt dessen – noch einmal Nietzsche – lautet die nun alles, jede

73 F. Nietzsche, Also sprach Zarathustra, KSA 4, 19.

74 J. Figal, Nietzsche. Eine philosophische Einführung, Stuttgart 1999, 209f.

mögliche Frage und jede existentielle mögliche Verzweiflung anästhesierende Lebensdevise: „Ein wenig Gift ab und zu: das macht angenehme Träume. Und viel Gift zuletzt, zu einem angenehmen Sterben."[75] Bis dahin aber gilt es, das Leben auszukosten. Mitzunehmen, was mitzunehmen ist. Wichtig ist dann nur, keinen tieferen Sinn in das zum reinen Aktionismus gewordene Leben hineinlegen zu wollen.

Sloterdijk hat dies Phänomen eines inhaltsleeren Lebens unter anderem an der „Weltpopulärmusik" in der medial inszenierten Weltgesellschaft illustriert: die „erste Musik für den letzten Menschen". An ihr lasse „sich ablesen, daß tatsächlich das Medium die Botschaft ist und daß die Botschaft am Ende nichts anderes sagt als: Hier kommt etwas, was für alle gut zu hören und zu hören gut ist. Gute Nachrichten lassen sich in der medialisierten Synchronwelt nur asemantisch, also musikalisch übertragen. Nur was nichts sagt, sagt allen etwas."[76]

Wo kein Inhalt, da auch kein Streitobjekt. „Ablösung des christlichen Euangelismus durch den musikalischen Eutonismus."[77] Kein Streit lohnt sich mehr, da es in der reinen Scheinwelt keine Wahrheit mehr gibt. Nicht einmal der Streit um die Existenz Gottes lohnt sich noch. Konnte sich *Anselm von Canterbury* den Toren, der in seinem Herzen spricht: *Es ist kein Gott* noch zum Ausgangspunkt wählen, um die Existenz Gottes zu beweisen, so ist dieses müde Bewusstsein längst jeder Reflexion überdrüssig. Der Abgrund tut sich für die menschliche Vernunft nicht mehr in der Frage auf, ob ein Gott existiert oder nicht; der Abgrund für die menschliche Vernunft liegt nicht darin, dass sie den philosophischen Konflikt, ob es einen Gott gibt oder nicht, aus sich heraus nicht entscheiden kann. Sondern darin, dass sich der menschlichen Vernunft der Begriff Gottes als dasjenige, über das hinaus nichts Größeres gedacht werden kann, zwangsläufig aufdrängt, und zwar dann, wenn sie überhaupt beginnt,

---

[75] F. Nietzsche, Also sprach Zarathustra, KSA 4, 20.

[76] P. Sloterdijk, Medien-Zeit. Drei gegenwartsdiagnostische Versuche (= Schriftenreihe der Staatlichen Hochschule für Gestaltung Karlsruhe; 1), Stuttgart 1993, 99f.

[77] Ebd.

nach dem Grund und Sinn menschlichen Daseins zu fragen. „Ich fürchte, wir werden Gott nicht los, solange wir noch an die Grammatik glauben ...“[78] – so hatte *Nietzsche* formuliert, und hatte sich daran gemacht, den Glauben an die Wahrheitsfähigkeit von Vernunft und Sprache zu zerstören, um dem Leben seine Unmittelbarkeit wiederzugeben. ‚Es ist eben die Grammatik ...‘, so formuliert das müde Bewusstsein und lächelt.[79]

Doch ist die Existenzweise des letzten Menschen nicht die einzige Möglichkeit, die dem Menschen bleibt, auf die Einsicht in seine unausweichliche Daseinsverfassung, die eine zum Tode ist, zu reagieren. Und an dieser Stelle der Analysen bekommt die Elmauer Rede noch einmal eine ganz eigentümliche Brisanz. Sloterdijks These lautet, dass es der verzweifelt-heldenhafte Selbsterhaltungswille des Menschen gegenüber der Unausweichlichkeit seines Schicksals ist, der ihn dazu verleitet, hybrid zu werden. „Wo Helden denken“, so Sloterdijk, „dort ist der lange Weg der einzig zumutbare; für sie ist die Überanstrengung der Mindesteinsatz.“ Die bisherige Menschheit hat Sloterdijk zufolge diesen heldenhaften Weg zu gehen versucht, und dies zunächst mit den Vorstellungen und Mitteln des Humanismus. Die faktische Konsequenz lautete aber: heillose Überforderung und Überanstrengung des Menschen, da der Versuch, sich angesichts der Realität selbst behaupten zu wollen, in jedem Fall vergeblich sein und sich auch die Einsicht in diese Vergeblichkeit aufdrängen wird. „Spät erst begreift“ das „überanstrengte Subjekt“, so Sloterdijk, „daß es die Welt als Vorrichtung zum Durchhalten unhaltbarer Versprechen eingerichtet hat, und von da an sieht es sich in der Gefahr, vom Einsturz dieser so gewaltigen wie instabilen Aufbauten erschlagen zu werden. Noch größer ist die Gefahr, in der eigenen ‚erwachsenen‘ Haltung zu ersticken [...] oder bei der ersten regressiven Lockerung in mörderischen Enthemmungen zu explodieren – das ist Faschismus.“[80]

---

[78] F. Nietzsche, Götzen-Dämmerung, KSA 6, 78.

[79] Formuliert in Anlehnung an Nietzsches ‚letzten Menschen‘. Vgl. Also sprach Zarathustra, KSA 4, 19.

[80] P. Sloterdijk, Eurotaoismus, 197. Vgl. auch schon ders., Der Denker auf der Bühne, 186.

Eben um der Konsequenz des „Faschismus", der gewalttätigen Eskalation des überanstrengten Subjekts zu entgehen, fordert Sloterdijk, die neuen Möglichkeiten der Gentechnologie in der Humanbiologie zu nutzen. Dass dies Konzept nur dann fruchten könnte, wenn der Mensch auf die Summe seines genetisch determinierten Datenmaterials reduziert werden könnte, wurde jedoch bereits herausgestellt. Solange mit der Freiheit des Menschen zu rechnen ist, sind Sloterdijks Züchtungsvorstellungen reine Phantasiegebilde.

Die Überanstrengung des Subjekts, von der Sloterdijk spricht, hat tiefe Wurzeln, auch historischer Natur. Wurzeln, die in der Religionsgeschichte manifest werden als ein Sichauszeitigen der Spannung, in der der Mensch sich in der Welt vorfindet. Die Religionsgeschichte wirft ein Bild darauf, wie der Mensch mit der „Katastrophe der Geburt" *(E. Cioran)*[81] fertig zu werden trachtet.

Sloterdijks Rekonstruktion der Gnosis aus dem Geist der Anti-Theodizee: Gnosis als Daseinsanalytik und -befreiung

Aufschlussreich für Sloterdijks Anthropologie ist dessen Verständnis der Gnosis. Will man die Grundidee gnostischer Systeme beschreiben, dann geht es bei ihnen um Erkenntnis, näherhin um Erlösung durch Erkenntnis. Ihre Blütezeit hat sie als synkretistische Religionsbewegung in der Spätantike erfahren. Wohl nicht von ungefähr in einer Zeit, in der die römische Welt akute Krisen durchlief.

Sloterdijk interessiert das Phänomen der Gnosis nicht in erster Linie als ein historisches Phänomen. Vielmehr interessiert es ihn, den Philosophen und Anthropologen, weil es die Grundbefindlichkeit des Menschen ausdrückt. Die Faszination für die Gnosis bricht, historisch betrachtet, immer in Krisensituationen aus. Wenn diese historische These stimmt, dann muss die Wie-

---

[81] Vgl. zum Beispiel E. Cioran, Vom Nachteil, geboren zu sein, Frankfurt/M. 1979 (franz. Orig. 1973).

derkehr der Gnosis in der Moderne als Indikator gewertet werden; als Indikator dafür, dass in der gegenwärtigen Situation der Menschheit diese Grundbefindlichkeit als krisenhaft wahrgenommen wird. Gleichwohl sind in Sloterdijks Verständnis der Gnosis historische Krisenerfahrungen nur faktisch dafür verantwortlich, dass gnostische Theoreme ihre Faszination entwickelten. Die Wahrheit der Gnosis ist anthropologisch, zeitunabhängig begründet. Von daher ist auch „,die' Gnosis keiner äußeren Entdeckung zugänglich und bedürftig": „Sie wird" – so Sloterdijk mit Bezug auf die Funde bei Nag Hammadi – „nicht aus Urnen im Sand geborgen, sondern kann nur in radikalen Meditationen über die Strukturen des zeitgenössischen Daseins-Bewußtseins hervorgebracht werden. Gefunden werden kann sie nur, wenn sie an ihrem ,Ort' gesucht wurde: bei den zerbrochenen Gefäßen der Subjektivität – mit ihren Leiden ,an der Welt' und ihren unvergessenen Paradiesen."[82]

Für Sloterdijk sind es die geschichtlichen Katastrophenerfahrungen, die die Gnosis als Gegentendenz zu den jeweils aktuellen positiven Weltbegriffen immer wieder neu faszinieren lässt. Eigentlichkeit, dieser für die Fundamentalontologie *Martin Heideggers* zentrale Begriff, bezeichnet das Ziel gnostischer Sehnsucht; Weltfremdheit, die andere Grundbestimmung der Anthropologie Heideggers, ist die Voraussetzung für die gnostische Erlösungssehnsucht, und doch nicht nur dies. Denn Weltfremdheit ist eben auch die Reaktion menschlicher Subjektivität auf die Unheilsgeschichte der Welt, der gescheiterten guten Schöpfung. „Inzwischen wurde aus Abend und Morgen der achte Tag."[83] Am Ende der bis in die Gegenwart prolongierten Schöpfungsgeschichte wird eben nicht, wie biblisch verheißen, offenbar, dass alles gut sei. Folglich müssen auch die Projekte der Moderne noch als „Einspruch des Geschaffenen gegen die Katastrophe Schöpfung" gehört werden.[84]

Die Gnosis verlässt ein linear gedachtes geschichtstheolo-

[82] P. Sloterdijk, Die wahre Irrlehre, 22.
[83] Ebd., 53.
[84] Ebd., 54.

gisches Zeitparadigma. Eine auf ein Ende zulaufende Heilsgeschichte, deren Beginn die Schöpfung ist, verliert ihre Plausibilität, und zwar aufgrund der Erfahrung der Negativität und der Bosheit. Die Erfahrung des Bösen wird dominant. So dominant, dass seine Abgründigkeit nicht mehr auf menschliche Schuld, auf einen Sündenfall zurückgeführt wird. Drei „Grundereignisse von weltsinn-verändernder Gewalt" sind es, die das theologisch-theoretische Denken bewältigen musste: „die Primärkatastrophe Schöpfung, die Sekundärkatastrophe Sündenfall und die Tertiärkatastrophe bzw. Epistrophe Erlösung." „Die Wege der Gnosis und des Katholizismus trennen sich im Streit um den ‚Fall': christlich gedacht fällt Adam zuerst, in gnostischer Sicht hingegen ist der Fall Adams nur der Reflex oder die Implikation eines Vor-Falls ‚im Himmel'. Die große Häresie lehrt, daß die beiden ersten Katastrophen, Schöpfung und Fall, im Grunde identisch sind. Einsicht in diese Identität ist die Quintessenz von Gnosis. Die Welt ist alles, was im Fall ist."[85] Das Böse wird ontologisiert.

Die theologischen Vorbehalte gegen die Gnosis sind bekannt, und aus der Perspektive jüdisch-christlicher, aber auch islamischer Theologie kann auch gar nichts anderes geboten sein, als gegen jede Form von Gnosis schärfsten Protest anzumelden. Die Gnosis entfremdet den Menschen dem monotheistischen Grundsatz dieser Religionen. Wenn Gott der einzige ist und er allein Rettung gewähren kann, dann ist die gnostische Denkform mit ihrem latenten Dualismus und ihrer Vorstellung von Erlösung durch Erkenntnis inakzeptabel. Kein Zweifel kann also daran bestehen, dass die Gnosis, aus der Perspektive der monotheistischen Religionen betrachtet, abzulehnen ist. Und ein weiterer, gewichtiger Grund kommt hinzu.

Will man den schärfsten Antipoden zur Gnosis benennen, dann ist es notwendigerweise Augustinus. Zeit seines Lebens war Augustinus von der Erfahrung der Abgründigkeit und Universalität des Bösen umhergetrieben. Zeitweilig selbst von der Gnosis fasziniert, entscheidet er sich schließlich dafür, einzig

[85] Ebd., 39.

den Menschen für das moralisch Böse verantwortlich zu machen. Dabei ist ihm zuzugestehen, dass diese Entscheidung aus jüdisch-christlicher Perspektive alternativlos war und auch ist. Denn nur dann, wenn Gott nicht unmittelbar mit dem moralisch Bösen belastet werden kann, ist es möglich, die Theodizeefrage zumindest noch offenzuhalten. Dass Augustinus in seinem Spätwerk, in der Schrift *ad Simplicianum*[86], die Schuld- und Sündenverfallenheit der Menschen durch sein Theorem der Erbsünde, eines als vorzeitlich gedachten und dennoch je einzeln anrechenbaren Sündenfalls der gesamten Menschheit in der Tat Adams, nochmals radikalisiert und damit praktisch doch wieder ontologisiert hat, zeigt nur an, wie sehr er von der Problematik des Bösen und der Theodizee bedrängt war. Ob Augustinus sich mit dem letzten Schritt seiner Denkentwicklung noch auf biblischem Boden befindet, sei dahingestellt. Um dies entscheiden zu können, bedürfte es einer ausführlichen, systematisch-theologischen Diskussion der christlichen Erbsündenlehre. Bedenklich macht aber, dass Sloterdijk ausgerechnet diese Schrift dafür verantwortlich macht, dass sich nach der christlichen Wende das bereits bei den Propheten findende „Prinzip ‚Welt als Selektions-Tunnel' überwältigend durchgesetzt" habe.[87]

In der Gnosis hingegen wird das Böse, gegen die jüdisch-christliche Vorstellung seines Freiheitsursprungs, konsequent ontologisiert, wird zu einem Prinzip der Welt. Die theologische Konsequenz: „Der Schöpfer ‚dieser Welt' kann unmöglich noch derselbe bleiben wie derjenige, der von ihr erlöst. Im erlösenden fremden Gott wird die Möglichkeit von Weltferne metaphysisch festgemacht. Er ist der eigentliche Garant von Unweltlichkeit." Doch bleibt es nicht nur bei dieser Funktion: „Seine logische ‚Verortung' mußte einen Prozeß anstoßen, der in negativer Theologie mündet. In dessen Verlauf wird Gott selbst entbildet; er wird zum Gott der autonomen Negation, ein vergöttlichtes

[86] Vgl. seine Schrift: De diversis quaestionibus ad Simplicianum I 2. Siehe Logik des Schreckens. Augustinus von Hippo. Die Gnadenlehre von 397. Hg., erkl. und mit einem Nachwort von Kurt Flasch, Mainz [2]1995.

[87] P. Sloterdijk, Weltfremdheit, 363.

Nicht, ein Abgrund der Prädikatlosigkeit, eine Fülle des Nichts an Bestimmtheit und Verwirklichkeit."[88]

Auf einer nicht-theologischen Ebene betrachtet, kann man Sloterdijks Rekonstruktion der gewalttätigen Eskalationen aus dem Leiden an der Negativität der Schöpfung und damit der Gnosis als Gegenbewegung gegen den Schöpfergott nicht jede Plausibilität abstreiten. Für Sloterdijk trägt die Gnosis, sofern Weltfremdheit und der Ruf zur Eigentlichkeit ihre wesentlichen Merkmale sind, geradezu subversive Züge. Sloterdijk geht gar so weit zu behaupten, dass „in den schwersten Krisen der Welt [...] Gnosen aller Art das Leben vor der Versuchung der Anpassung an das [schützen], was kein Leben mehr wäre."[89] Umwertung aller bisher gültigen Werte angesichts der Einsicht in das Katastrophische als das eigentliche Wesen der Schöpfung –, dies bestimmt für Sloterdijk das Anliegen der gnostischen Systeme, so verschieden sie im Einzelnen auch sein mögen. Dabei tendiert die Gnosis eben nicht auf ein Zurück; auf ein Zurück zur Natur des Menschen gegenüber der Vorstellung einer unbedingten Würde, die das Christentum einem jeden Menschen aufgrund der Vorstellung der Gottebenbildlichkeit zugesprochen hatte und die sich nun, angesichts der realen Erfahrungen menschlichen Daseins, als Täuschung erweist. Die Alternative lautet nun Entweltlichung. Abschied von der Welt ist deshalb der gemeinsame soteriologische Nenner aller gnostischen Systeme.

Nietzsche zeigt sich aus dieser Perspektive als radikaler Anti-Gnostiker. „Worum es Nietzsche zu tun war, ist eine antichristliche Revision der abendländischen Geschichte – wovon er träumte, war nicht weniger als eine Rückübersetzung des christlich-modern denaturierten Menschen in die ‚Natur'. Eben dies scheint das Kehrbild jener gnostischen ‚Weltwende des Geistes' zu sein, die nichts Geringeres im Sinn hatte, als den Menschen aus der Natur, griechisch gesprochen aus dem Kosmos, in das ‚Reich Gottes', in die Überwelt, in das Pleroma, in den Achten, Neunten Himmel zu übersetzen. Wo Nietzsche einen Menschen-

[88] Ebd., Weltrevolution, 36.
[89] P. Sloterdijk, Die wahre Irrlehre, 24.

typus prophezeite, der in einem beispiellosen Ausmaß ganz *von* dieser Welt wäre, dort hatte die antike Gnosis auf unerhörte Weise das Band zwischen Mensch und Welt gelockert, ja zerrissen. Als trauten sie sich eine neue metaphysische Lokalisierung des Menschen zu, haben die gnostischen Autoren das ‚Eigentliche' des Menschen in eine radikale Entweltlichungsperspektive gerückt."[90]

„*[B]leibt der Erde treu* und glaubt Denen nicht, welche euch von überirdischen Hoffnungen reden"[91] – fordert Nietzsches Zarathustra seine Brüder auf, und er wendet sich damit gegen alle Vorstellungen, die ein anderes als das reine erd- und leibgebundene Leben wollen. Auch die Gnosis, die den Menschen entweltlichen will, wird in der Tat von Nietzsches Verdikt gegen ein jedes Jenseits noch getroffen. Nietzsches Übermensch ist radikal diesseitig ausgerichtet. In der Gnosis hingegen bricht eine Differenz von In-der-Welt und Von-der-Welt sein auf. Sie kann sich auch „nur nach der Entdeckung eines ‚Ortes' ereignen, der keiner ‚von dieser' Welt mehr wäre – noch ‚hier', und doch schon ‚dort', noch in der Welt, und doch schon am Un-Ort, im Entwordenen, im Über-seienden, im Vor-Wirklichen."[92] Versinkt zunächst der erlösende fremde Gott in den „Abgrund der Prädikatlosigkeit", so schließlich auch der Mensch, durch, wiederum gegen die Tradition gewendet, imitatio des in diesen Abgrund entschwundenen Gottes.[93] Der Mensch wird „ein Wesen der Grenze", ist „den Realitätsdämonen nicht mehr unbedingt tributpflichtig": „Das Wort Freude signalisiert das Novum: seit alles, was von der Welt stammt, negierbar wurde, klingt in der Welt ein neuer Ton: jubilatorische Dissidenz"[94], das Ganze in „spekulativer Heiterkeit"[95] zelebriert.

Wie fügt sich die von Sloterdijk anthropologisch begründete Eskalationsdynamik im menschlichen Selbst- und Weltverhält-

---

[90] Ebd., 28.
[91] F. Nietzsche, Also sprach Zarathustra, KSA 4, 15.
[92] P. Sloterdijk, Die wahre Irrlehre, 28.
[93] Vgl. ebd., 36.
[94] Ebd., 37.
[95] Ebd., 44.

nis in diese Theorie der Gnosis ein? Seit der Renaissance organisiert sich die menschliche vita activa „als ein epochales demiurgisches Projekt"; „Genies und Ingenieure steigen auf zu einer Elite neuen Typs: sie repräsentieren die Gruppe der epochemachenden Menschen." Menschliche Arbeit ist nicht mehr bedingt durch die Vertreibung aus dem Paradies. Die Vertreibung, List der Vernunft, ist vielmehr „das Vorspiel zur Inthronisierung des Menschen als Schöpfer seiner ‚eigenen Welt'", die Schöpfung geht „in ihre zweite Woche": „Nur eine gefallene und vertriebene Menschheit konnte die Idee wahrmachen, *mehr* zu leisten als der Gott der Genesis." „Überbietung der Altschöpfung", „Aufstockung der Altnatur durch technisch-ästhetische Welterschöpfung" – dies wird nun zum Programm, zum Menschenprogramm der zweiten Schöpfungswoche. Aber es wiederholt sich die gleiche Dramatik, stellen sich die gleichen Fragen, wie in der Entstehungsgeschichte der Gnosis. Denn wenn „schon der Gott der Genesis" vor den ironischen Fragen der Gnosis „gegen seine Schöpfungsweisheit nicht sicher war, wie erst sollten wir, die für die technische Hypergenesis Verantwortlichen, uns vor der Kritik der Nachwelt an unserer verwilderten Kreativität schützen?"[96]

Fazit: ‚Weltpause' und Asketik

Die Elmauer Rede Sloterdijks war, zumal in ihrer Begriffswahl, zweifelsohne hoch problematisch. Von daher ist der daraufhin erfolgte Aufschrei verständlich und in der Sache völlig berechtigt. Wirklich angemessen verstehen jedoch lässt sie sich nur vor dem Hintergrund seiner Anthropologie; vor dem Hintergrund einer Beschreibung des Menschen, der, häufig notvoll genug, mit dem Dilemma seines Geborenwordenseins, mit der nur noch als Katastrophe wahrgenommenen Geburt fertig zu werden hat. Für Sloterdijk kann, nach dem Tod Gottes und dem damit einhergehenden Verlust eines sinnverbürgenden Grundes,

[96] Ebd., 52f.

das Programm einer künftigen, nachhumanistischen Humanität aber nur noch darauf abzielen, den Menschen mit seiner ursprünglichen Daseinsverfassung, der Katastrophe seiner Geburt, zu versöhnen. Nicht im Sinne eines religiös assoziierten Versöhnungsbegriffs, sondern nun im Sinne eines ästhetischen Weltverhältnisses. Und auch nicht im Sinne eines Heroismus, wie Nietzsche ihn in der Idee des Übermenschen propagiert hat, sondern im Sinne eines ästhetisch-asketischen. Nicht mehr Versöhnung im Sinne der drei Hauptspielarten des Humanismus, wie sie noch nach 1945 durchgespielt wurden und die auch Heidegger noch primär im Blick hatte: Christentum, Marxismus und Existentialismus. Sondern im Sinne eines „Haltungswandel[s]“, „der den Menschen auf eine über alle humanistischen Erziehungsziele weit hinausweisende besinnliche Askese hinweist“[97].

Die Voraussetzung für eine solche Askese besteht für ihn darin, sich von dem alten Grundsatz „Erkenne dich selbst“ zu lösen. „Sich selbst erkennen heißt nicht eine Identität bestimmen, sondern einer Unverhältnismäßigkeit innewerden“ – einer Unverhältnismäßigkeit, die darin besteht, dass nach sich selbst fragende Subjekte „in sich selbst keine regulativen Größen letzter Instanz, sondern eine energische Bodenlosigkeit“ entdecken.[98] Das Pathos der Vernunft, die dem Menschen hätte sagen sollen, was er ist, ist verstummt. Das neue existentielle Motto heißt „Sei du selbst!“[99] Hilf dir selbst und lass dir helfen angesichts des Unfallcharakters des geschichtlichen Lebens, aber auch: „Erfindet euch“. Vernünftig ist, „was auf die einzigartige Gelegenheit des Lebens eingeht. René Char sagt: Nur eine Vergünstigung ist uns mit dem Tod gegeben: Kunst zu schaffen, bevor er kommt.“

---

[97] P. Sloterdijk, Regeln für den Menschenpark, 30.
[98] P. Sloterdijk, Eurotaoismus, 264.
[99] Ebd., 265. Folgendes Zitat ebd.

Ausblick: Eine Frage, die ansteht

Das ambivalente Verhältnis, das Sloterdijk zur Idee der Freiheit und zur Autonomie des Menschen einnimmt, wurde bereits mehrfach angesprochen. Sein Begriff von Askese setzt einerseits voraus, dass der Mensch in ein freies Selbstverhältnis zu seiner eigenen ontologischen Verfasstheit treten kann; andererseits aber scheut sich Sloterdijk überhaupt nicht, die ganze Rede von Freiheit und Selbstbestimmung als Fiktion abzutun. Damit fügt Sloterdijk sich in eine Tendenz ein, die das philosophische und kulturelle Gegenwartsbewusstsein zutiefst prägt. In ihm nagt der Verdacht, dass das neuzeitliche Freiheitspathos einem Irrglauben aufsaß. Flankiert wird diese Tendenz zum einen von subjektkritischen philosophischen Strömungen, zum anderen von anthropologischen Programmen, die aus der neuen Leitwissenschaft, der Biologie, kommen, die die Vorstellung einer selbstbezüglichen und freien menschlichen Subjektivität einer konsequenten Kritik unterziehen.

Sloterdijks skeptisches Verhältnis zum Subjektbegriff und zum Autonomiedenken der Neuzeit ist aber auch in ethischer Hinsicht von eminenter Bedeutung. Neuzeitlich galt – und damit wurde die biblische Vorstellung der Gottebenbildlichkeit philosophisch revoziert –, dass dem Menschen seine unbedingte und durch nichts, auch nicht durch die Verwirklichung einer künftigen Menschheit verzweckbare Würde allein aufgrund seiner Zugehörigkeit zur menschlichen Gattung, seiner möglichen Bestimmung zur Freiheit, zukommt. Entzieht man diesem ethischen Grundsatz, dessen Verbindlichkeit im menschlichen Subjekt selbst festgemacht ist, sein Fundament, nämlich das Subjekt, so wird der Mensch dem Experiment freigegeben. Lässt sich aber zeigen, dass das Subjektprinzip theoretisch unverzichtbar ist, um spezifisch humane Vernunftvollzüge in ihrer Wirklichkeit begründen zu können, so eröffnet man mit diesem Nachweis zugleich wiederum die Möglichkeit, ethische Grundsatzreflexionen subjektphilosophisch zu führen.

II

„... gesetzt nach seinem Bilde"
Nietzsches Weltbegriff aus dem Geist der Anti-Theologie, oder: Genesis einmal anders erzählt

Annäherungen

Es gibt wohl kaum einen Menschen westlicher Zivilisation, der die biblische Geschichte nicht kennt: wie Gott am sechsten Tag der Schöpfung den Menschen schuf, „nach seinem Bilde", Gott ähnlich, und wie Gott am Ende des Tages, all das, was er geschaffen hatte, noch einmal ansah und: „Es war sehr gut" (Gen 1, 31). Dabei ist anzumerken, dass es den Theologen des Alten Testamentes nicht vorrangig darum ging, den Ursprung der Welt denken zu wollen. Sicherlich, vollkommen fremd war auch ihnen dieses Thema nicht; schließlich ließ sich der Glaube allein an Jahwe („Du sollst keine anderen Götter neben mir haben") im Religionspluralismus des alten Orients nur dann aufrechterhalten, wenn klargestellt wurde, dass Jahwe allein Schöpfer und Ursprung von allem sei.

Primär jedoch ging es in den Schöpfungstheologien des Alten Testaments um etwas anderes. Sie wollten mittels der Schöpfungsaussagen „Und siehe, es war sehr gut" in Zeiten der Bedrängnis, der Not und des Elends, Jahwes Treue gegenüber seiner Schöpfung anrufen. Für die Theologen des Alten Testaments stand unzweifelhaft fest: Nur Jahwe kann Bewahrung in der Not und Rettung verheißen und gewähren. Nur Jahwe, der den Menschen nach seinem Bilde geschaffen hatte, kann diesen bewahren. „Jahwes herrscherliche Gewalt ist nicht mit der Erschaffung der Welt erschöpft, so daß ein anderer Gott ihn ablösen müßte, um ihre Existenz zu garantieren. Während die Kanaanäcr die Weltschöpfung und Welterhaltung allem Anschein nach zwei verschiedenen Götter (El und Baal) zuschrieben, liegen für Israel beide Tätigkeiten in der Hand Jahwes, des mächtigen und allezeit wirkenden Gottes."[1] Gott gebührt die letztendliche Macht über den Menschen. Die Welt als Schöpfung des einzigen Gottes, Jahwe, zu begreifen, bedeutet, diese Macht anzuerkennen und das Vertrauen auf Rettung einzig und allein auf diesen Gott zu richten. Die Gottebenbildlichkeitsaussage der alttestamentlichen Schöpfungstheologie wollte nicht zuletzt deutlich machen, dass der Mensch, dem als letztem Geschöpf Gottes eine ausgezeichnete Würde zukommt, aus diesem Verheißungszusammenhang nicht herausfallen wird. Aber: War es von den alttestamentlichen Theologen nicht völlig hybrid, den Menschen ausgerechnet als Ebenbild Gottes profilieren zu wollen? Könnten die alttestamentlichen Theologen nicht genug gezweifelt haben, so dass sie des eigentlichen Zusammenhangs von Gottes- und Gottebenbildlichkeitsbewusstsein gar nicht ansichtig wurden, dass nämlich der Mensch sich nur deshalb als Gottes Ebenbild begreifen konnte, weil er zunächst einen Gott in den leeren Himmel projizierte?

Dass die biblische Lehre vom Menschen seit langem in die Krise geraten ist, ist weiß Gott nichts Neues. Spätestens seit der Religionskritik des 19. Jahrhunderts lauert der Projektionsverdacht. Mit der Kritik des Gottesbegriffs musste auch die Bestimmung des Menschen als Ebenbild Gottes in die Krise geraten. War bei Kant noch nur die Beweisbarkeit Gottes bestritten worden, die Möglichkeit seiner Existenz aber keineswegs ausgeschlossen, so beansprucht Feuerbach, den Begriff Gottes als rein menschlichen Begriff ausweisen zu können. Gott repräsentiert bei Feuerbach nur noch das, was die Gattung Mensch aus sich machen kann; er ist „Spiegel des Menschen"[2]. Dabei geht er in seinem Erkenntnisanspruch über Kant hinaus. Blieb es bei Kant strittig, ob mit einem von Welt und Mensch unterschiedenen Gott gerechnet werden darf oder nicht, so traut Feuerbach sich

[1] J. Schreiner, Theologie des Alten Testaments, Würzburg 1996,148f.

[2] L. Feuerbach, Das Wesen des Christentums, in: ders., Gesammelte Werke, Bd. 5 (hg. v. W. Schuffenhauer), Berlin 1973, 127.

eine definitive Antwort zu. Gottes Nicht-Existenz gilt ihm als bewiesen. Dass die Bestimmung des Menschen nun nichttheologisch vonstatten zu gehen habe, ist dann nur noch konsequent gefolgert. Als Denkproblem übrig bleibt dann ‚nur' noch, wie das erstaunliche Phänomen zu erklären sei, dass der Mensch ein Bewusstsein besitzt, das ihn in Distanz zur Welt und zu seiner natürlich-biologischen Basis setzt und ihn sich selbst zu einer offenen Frage macht.

Noch radikaler als Feuerbach führt wiederum Nietzsche die biblische Lehre vom Menschen in die Krise. Ihn interessiert endgültig nicht mehr der theologische Rahmen biblischer Anthropologie, ganz im Gegenteil. Die alttestamtliche Schöpfungstheologie mit ihrem Verheißungsvermerk hat für ihn ihre geschichtliche Kraft verloren. Seine Kritik zielt nun gegen die biblisch unverzichtbare Vorgabe, dass der Mensch ein freies Wesen, ein der Kommunikation und des Handelns aus eigenem Entschluss und eigenem Vermögen fähiges Wesen ist. Und Nietzsche wendet sich damit zugleich gegen das Freiheitspathos der Neuzeit, die das Subjekt zum fundamentum inconcussum möglicher Gewissheit erhoben hatte. Die Vorstellung eines freien Ich wird zur Fiktion erklärt; zu einer Fiktion, die alle Begriffe menschlichen Bewusstseins von sich und der Welt bedingt und sie damit gleichzeitig zur Fiktion werden lässt. Nietzsche dreht die biblische Logik und Anthropologie um. Heißt es biblisch, dass Gott den Menschen nach seinem Bilde geschaffen habe, so setzt bei Nietzsche das Ich die Dinge ihrem Sein und der Form nach gemäß seinem Bilde. Und nicht nur diese, sondern auch Gott setzt er nach seinem Bilde. „Der Mensch hat seine drei ‚inneren Thatsachen', Das, woran er am festesten glaubte, den Willen, den Geist, das Ich, aus sich herausprojicirt, – er nahm erst den Begriff Sein aus dem Begriff Ich heraus, er hat die ‚Dinge' als seiend gesetzt nach seinem Bilde, nach seinem Begriff des Ichs als Ursache. Was Wunder, dass er später in den Dingen immer nur wiederfand, *was er in sie gesteckt hatte?* – Das Ding selbst, nochmals gesagt, der Begriff Ding, ein Reflex bloss vom Glauben an's Ich als Ursache ... Und selbst noch Ihr Atom, meine Herren Mechanisten und Physiker, wie viel Irrthum, wie viel rudimentäre Psychologie ist noch in Ihrem Atom rückständig! – Gar nicht zu reden vom ‚Ding an sich', vom horrendum pudendum der Metaphysiker! Der Irrthum vom Geist als Ursache mit der Realität verwechselt! Und zum Maass der Realität gemacht! Und *Gott* genannt! –"[3] Nietzsches Logik lautet folglich: Weil der Mensch sich für willensbegabt hält, projiziert er diese Vorstellung in den an sich leeren Himmel: Bildet dort nach seinem Bilde einen Gott, der aus freiem Entschluss heraus unter Betätigung seines Willens eine Welt schafft – für Nietzsche eine anthropomorphe Vorstellung.

Mit Nietzsche wird die konsequente Verabschiedung des Subjekts Programm. Und mit der Verabschiedung des Subjekts, seiner Begriffe von sich als freies und vernünftiges Wesen, wird auch die Welt fremd. Die Welt in unserer Vorstellung ist nur die unsrige, die nach unserem Bilde erdichtete und ausgemalte Welt. In ‚Wahrheit' ist die Welt eine ganz andere, eine letztendlich für den Menschen undenkbare, weil seinen Begriffen entgegenstehende Welt. Sie ist für Nietzsche der „*Wille zur Macht – und nichts außerdem*!"[4] Das Subjekt aber nur Erscheinungsform von Prozessen, die diese Willen zur Macht sind. „Und auch ihr selber seid dieser Wille zur Macht – und nichts außerdem!"[5] Dass mit dem Wegfall der neuzeitlichen Vorstellung von Subjekt, von Freiheit und Autonomie, auch alle Demokratievorstellungen hinfällig wird, muss hier nicht weiter ausgeführt werden.

Noch Sloterdijks Skepsis gegenüber dem Subjekt, wenn nicht gar seiner Ablehnung der Möglichkeit von Freiheit und Autonomie, basiert vor allem auf Nietzsches Dekonstruktion des Subjekts. Seine Ansicht des Subjekts „als etwas [...], das nicht im Zentrum dessen steht, was mit ihm geschieht, sondern das am Rande eines Sinn- und Energiegeschehens dahintreibt", liegt exakt auf der Linie von Nietzsches Kritik des Subjekts. Und Sloterdijk ist beileibe nicht der Einzige, der sich Nietzsche in

---

[3] F. Nietzsche, Götzen-Dämmerung, KSA 6, 91.
[4] F. Nietzsche, NF Juni-Juli 1885 38 [12], KSA 11, 611.
[5] Ebd.

diesem Punkt weitgehend angeschlossen hat.[6] An zwei Beispielen sei dies illustriert, bevor Nietzsches Subjektkritik in ihren Grundzügen rekonstruiert und kritisch erörtert wird. An Beispielen, die nochmals die Gegenwartsrelevanz von Nietzsches Subjektkritik verdeutlichen sollen.

Biologischer Reduktionismus. Thomas Metzinger

Wohl nicht zuletzt ermutigt durch die extremen Erfolge der Neurowissenschaften wird in einigen Kreisen der Philosophie die konsequente naturalistische Reformulierung aller bewusstseinstheoretischen Begriffe betrieben, mittels derer die neuzeitliche Subjektphilosophie das Spezifikum und die Würde des Menschen zum Ausdruck brachte. Doch führte auch diese Philosophie natürlich Begriffe wie Freiheit, Bewusstsein zumal in seiner besonderen Form von Selbstbewusstsein nicht einfach willkürlich ein. Sondern sie hielt sie für theoretisch unverzichtbar, wollte man das Phänomen spezifisch humaner Vollzüge einer Vernunftansprüchen gemäßen philosophischen Erhellung zuführen und nicht unbillig verkürzen. Dass dieses philosophische Programm interessiert war, im Interesse der Wirklichkeit von Freiheit stand, relativiert nicht die Überzeugung, dass jeder Naturalismus auch theoretisch unbefriedigend sei. Einen der entscheidenden Gründe hierfür gilt es noch zu zeigen.

Die naturalistische Variante der Bewusstseinsphilosophie zielt auf das Gegenteil. Dabei ist die Position von *Thomas Metzinger*, der sich ausdrücklich als Naturalisten bezeichnet, für einen jeden, der sich nicht freiwillig aus der Tradition des okzidentalen philosophischen Denkens verabschieden möchte und der überdies mit dieser Tradition vielleicht auch noch theologische Hoffnungen verbindet, besonders interessant und herausfordernd

[6] Dass die gesamte Palette postmoderner Subjektdekonstruktionen, so verschieden diese in ihrer Durchführung und Intention auch sein mögen, von Nietzsche abhängig ist, hat M. Frank gezeigt. Vgl. Was ist Neostrukturalismus?, Frankfurt/M. 1984.

zugleich. Metzinger bestreitet nämlich gar nicht, dass die Selbstzuschreibung mentaler Zustände – dass ich es bin, der fühlt, denkt und sich als dieser Fühlende, Denkende usw. weiß – ein Faktum ist; ja er rechnet sogar damit, dass diese Selbstzuschreibung unhintergehbar ist. Und dennoch rechnet er auch damit, dass dieser Selbstzuschreibung kein reales Ich, das sich diese Zustände zuschreibt, zugrunde liegt, sondern dass diese Vorstellung eine Illusion ist; eine Illusion, die es biologisch zu erklären gilt: „Was wir [...] erklären müssen, wenn wir eine erfolgversprechende naturalistische Perspektive auf die Subjektivität mentaler Zustände einnehmen wollen, ist das faszinierendste biologische Phänomen überhaupt: Die Entstehung einer unhintergehbaren Ich-Illusion, die im Grunde gar keine ist, weil sie *niemandes* ist."[7]

Das komplexe Phänomen von selbstbewusster Subjektivität soll folglich mittels eines einzigen Prinzips erklärt werden, und zwar des naturalistischen. In der naturalistischen Perspektive Metzingers ist die Einheit des Selbstbewusstseins, die Einheit des Ich im Wechsel seiner verschiedenen Zustände, ein „durch repräsentionale Bindung einer komplexen Eigenschaftsmenge entstandenes fiktives Objekt". Dieses Objekt zeichnet sich nach Metzinger aber eben dadurch aus, „daß sein Gehalt ein fiktives Subjekt" ist.[8] Die Logik, die Metzinger hier vorstellt, richtet sich gegen das menschliche Vorstellungs- und Denkvermögen. Es wird etwas gedacht, was eigentlich nicht denkbar ist. Wenn ich ‚ich' zu mir selbst sage, so ist es, Metzinger zufolge, nicht eigentlich ein Ich, das zu sich selbst ‚ich' sagt. Sondern es ist ein Objekt, das sich dadurch auszeichnet, dass es ‚ich' sagt, ohne aber ein Ich zu sein: eine durch wen oder was auch immer erzeugte Fiktion.

[7] Th. Metzinger, *Niemand* sein. Kann man eine naturalistische Perspektive auf die Subjektivität des Mentalen einnehmen?, in: S. Krämer (Hg.), Bewußtsein. Philosophische Beiträge, Frankfurt/M. 1995, 130–154. Vgl. auch ders., Subjekt und Selbstmodell. Die Perspektivität phänomenalen Bewusstseins vor dem Hintergrund einer naturalistischen Theorie mentaler Repräsentation, Paderborn 1993, 160ff.

[8] Ebd., 150.

Mit diesen Bestimmungen weist Metzinger die Grundidee Descartes (und alle anderen sich an ihn anschließenden Versuche) zurück, die Evidenz des Ich durch eine Reflexion auf sich selbst als wahr zu sichern. Statt dessen, so Metzinger: „Was es gibt, ist ein System und ein Modell des Systems. Dadurch, daß dieses Systemmodell intern nicht als Modell dargestellt werden kann, entsteht für das System eine Ich-Illusion: Die erlebnismäßig unhintergehbare Fiktion eines substantiellen Selbst."[9] Genealogisch betrachtet ist die Entstehung dieses Phänomens eines Selbst, das in Wahrheit keines ist, „das Resultat eines innerweltlichen Vorgangs mit einer langen biologischen Geschichte: Nämlich mentaler Selbstmodulierung", und zwar in der Form eines mentalen Modells „genau desjenigen Systems, durch das es erzeugt wird"[10]. Dass man nicht wahrhaben und glauben will, nur Objekt zu sein, dessen Inhalt die Fiktion eines Selbst ist, hängt in der naturalistischen Logik mit der Notwendigkeit dieser Fiktion zusammen. Nicht ist die Annahme eines Selbst oder eines freien Ich unhintergehbar, um bestimmte Phänomene erklären zu können. Sondern unhintergehbar ist es für das biologische System Mensch, sich selbst noch einmal zu modulieren, als System zu repräsentieren.

Evolutionstheoretisch betrachtet, wird diese Selbstmodulierung von Systemen mit dem Funktionalitätskriterium erklärt. Für das Wesen Mensch ist es erfolgreich gewesen, sich als System nochmals zu repräsentieren, auch wenn der Gehalt dieser Präsentation, zumindest gemessen an den üblichen Erwartungen, die sich daran knüpften, eine bloße Fiktion ist. Nicht mehr, aber eben auch nicht weniger. Dass, konsequent gefolgert, Phänomene, die Menschen gewöhnlich für spezifisch humane Möglichkeiten und Vollzüge halten (Kommunikation, Wahrheitssuche, Verantwortung, Liebe usw.), dann als desillusioniert gelten müssen, liegt auf der Hand. Wenn es keine menschliche Freiheit gibt, dann verliert ein Begriff wie Liebe seine Bedeutung. Es war, der Sarkasmus lässt sich nicht ganz unterdrücken, für das

---

[9] Ebd., 150f.

[10] Ebd., 148.

System Mensch, evolutionstheoretisch betrachtet, eben unter funktionalen Gesichtspunkten effizient, sich *als* in Freiheit Liebender und Verantwortung Übernehmender vorzustellen, selbst wenn der Gehalt dieser Vorstellung nur eine Fiktion ist. Nicht weniger, aber eben auch nicht mehr.

Durs Grünbein. Das Ich als nervöses Ereignis

Durchmischt mit Irritationen, unversöhnt, finden sich (mindestens!) Avancen an einen Biologismus des Ich im Werk eines der wichtigsten Lyriker des Deutschlands der neunziger Jahre, und zwar im Werk *Durs Grünbeins*. Allerdings lässt Grünbein nicht wie Metzinger das Ich zur puren Fiktion werden. Dabei reagiert Grünbeins Lyrik konsequent auf das Bewusstsein vom Tod Gottes, müde resignierte Untertöne mischen sich allen Ortes in seine Sprache ein. Das Ich findet sich vor, als Epiphänomen biologischer Prozesse, gefangen im neuronalen Netz. Gedemütigt und sich in seiner Nichtigkeit ansichtig geworden. Zwei Beispiele[11]:

Ode an das Dienzephalon
(Nach W. H. Auden nach A.T.W. Simeons)

Hier also hältst du, Black Box, dich versteckt. So was
Von Präzision, in sich verstrickt, muß sich rächen.
Lange warst du ungreifbar, nun bist du dir selbst
Häßlich der Nächste.

Klinisch entblößt, auf Karten verzeichnet, ein Magazin
Heißer Drähte vom Zentrum zum Kleinen Zeh,
Eingeklemmt zwischen Logos und *feeling* ... fragt sich
Wer hält hier wen fest?

---

[11] Vgl. auch den Text ‚Klopfzeichen' von D. Grünbein, in: Gehirn und Denken. Kosmos im Kopf. Hg. vom Deutschen Hygiene-Museum, Ostfildern-Ruit 2000, 210–218.

Nichts von dem was sich im Neuronalen Netz fing
War dir wirklich Ernst. Selten stand mehr im Programm
Als Betrug, psychische Tricks oder Schlüsse wie dieses
Cogito ergo ...

Alles im Griff, Flugkörper, Sprachen und Religionen,
Hast du nur eins unterschätzt, dieses Ich. Besser
Es läge noch immer vor seinem Schlag aus der Art
Glücklich im Koma.

Der Cartesische Hund

Wedelnd um jedes Nein das ihn fortschleift
Worte wie Flöhe im Fell, die Schnauze im Dreck

Ohren angelegt auf der Flucht vor den Nullen
Gejagt von den kleineren Übeln ins Allergrößte

Müde der leeren Himmel, die Kehle blank
Gehorcht er dem Ersten das kommt und ihn denkt[12]

Nur Vorspiel zu einer Philosophie des Nicht-Subjekts? Vorläufige Hinweise zu Descartes und Kant

Grünbeins lyrische Inszenierung des Ich verabschiedet jedes Subjektpathos. Ob dem Subjekt jemals in der Neuzeit die Hybris zueigen war, die ihm mancher Neuzeitkritiker unterstellt, darf bezweifelt werden. Zunächst einmal muss die neuzeitliche Subjekt- und Bewusstseinsphilosophie, als eigenes Paradigma beginnend mit Descartes, als Reaktion auf Krisenphänomene gelesen werden. Überkommene Denkweisen waren längst in der Auflösung begriffen. Historische Ereignisse und Prozesse stellten die bis dato geltenden religiösen und politischen Autoritäten

---

[12] Zit. nach D. Grünbein, Von der üblen Seite. Gedichte 1985–1991, Frankfurt/M.: Suhrkamp 1994, 215. 173.

in Frage. Sozusagen als Verkörperung dieser Krisenphänomene inszeniert Descartes den genius malignus; einen Geist, durch den jede Gewissheit, jede im Alltagsleben notwendig vorausgesetzte Plausibilität in Frage gestellt wird. Doch ist die Einführung des genius malignus bei Descartes methodisches Prinzip; methodisches Prinzip, um in der von ihm erfahrenen Krisensituation neue Gewissheit finden zu können. Die skeptische Methode wird nicht aus Liebe zum Skeptizismus gewählt. „Nicht daß ich deswegen die Skeptiker nachahmte, die nur zweifeln, um zu zweifeln, und gern so tun, als wären sie immer unentschlossen." Es ging ihm, so schreibt Descartes rückblickend, „im Gegenteil nur darum, „Sicherheit [zu] verschaffen". Er habe „lose Erde und Sand beiseitewerfen" wollen, „um Fels oder Ton zu finden"[13]. Die postmoderne Liebe zum Skeptizismus, zur alles zersetzenden Ironie, ist Descartes fremd. Ein Ort von Gewissheit, auf die die menschliche Existenz sich gründen kann, dies ist das Ziel seiner durch den methodischen Zweifel kontrollierten Reflexionen.

Die methodisch inszenierte Skepsis macht auch vor dem Ich, vor der Selbstgewissheit des Ich nicht Halt. Descartes' Antwort, mittels derer er die unumstößliche und vor jedem weiteren skeptischen Verdacht vergewisserte Wirklichkeit der eigenen Ich-Evidenz meinte gesichert zu haben, ist berühmt: Zumindest an der Tatsache, dass ich es bin, der da die eigene Wirklichkeit anzweifelt, lässt sich nicht rütteln, so dass ich im Akt des Zweifelns mir meiner selbst unumstößlich gewiss sein kann. Descartes hat damit den Gewissheitsgrund des Ich an eine auf sich selbst gerichtete Aktivität gebunden. Zumindest in dem Moment, wo ich an mir selbst zweifle, kann ich mir meiner selbst gewiss sein. Dass Descartes meinte, diese Wirklichkeit noch als eine res cogitans, als ein denkendes Ich, als „res cogitans"[14], fortbestimmen zu müssen, muss für den weiteren Verlauf der neuzeitlichen Philosophiegeschichte eher als unglücklich be-

[13] R. Descartes, Discours de la méthode. Französisch – Deutsch. Übers. und hg. v. L. Gäbe, Hamburg 1990, 47.

[14] R. Descartes, Meditationes de prima philosophia, Hamburg 1956, 47.

trachtet werden, findet sich doch – gerade in der Theologie – immer wieder einmal das Vorurteil, die neuzeitliche Philosophie habe das Ich zur Substanz hypostasiert. Und es sei gerade diese Hypostasierung gewesen, die das Ich in den Wahn getrieben habe, sich als die einzig wahre Substanz nun alles andere aneignen zu dürfen.

Sieht man genauer hin, so lässt sich die neuzeitliche Subjektphilosophie keineswegs auf einen solchen Ichbegriff fixieren. Bereits Kant räumt in seiner Paralogismenlehre, der Lehre von den Fehlschlüssen der menschlichen Vernunft, gründlich mit der Vorstellung vom Ich als einer res cogitans auf. In der *Kritik der theoretischen Vernunft* hatte Kant gezeigt, dass man, um zum einen die Möglichkeit des theoretischen Denkens überhaupt und zum anderen die Herkunft der Vorstellung von Einheit begründen zu können, eine ursprüngliche Selbsteinheit des Ich anzusetzen sei. Dieser Schluss schien Kant zwingend, um die Möglichkeit von Erkenntnisprozessen denken zu können. Wenn aber eine ursprüngliche Selbsteinheit des Ich Bedingung dafür ist, in Begriffen denken zu können, dann kann diese Selbsteinheit, Descartes' Grund von Gewissheit überhaupt, nicht mittels des Substanzbegriffs bestimmt werden. Denn wie soll eine Voraussetzung, die ursprüngliche Selbsteinheit des Ich, einen Begriff auf sich selbst anwenden können, wenn sie diesen doch bereits wieder logisch voraussetzen muss, um diesen Begriff auf sich selbst anwenden zu können?

Doch ist dies, die Kritik an der Descartesschen Fortbestimmung des Subjektbegriffs mittels der Substanzkategorie, nicht das einzige und vor allem auch nicht das wichtigste Resultat der für das Subjektdenken der Neuzeit in ihrer Bedeutung überhaupt nicht zu unterschätzenden *Kritik der reinen Vernunft* Kants. Das Interesse dieser Kritik richtet sich bekanntlich darauf, die Bedingungen der Möglichkeit unserer Erkenntnis und in eins damit: die Reichweite und die Grenzen menschlicher Erkenntnis darzulegen. In der von Kant vorgelegten Architektonik der theoretischen Vernunft ist es der Verstand, der das in der Anschauung erscheinende Empirische mittels in ihm a priori bereit liegender Kategorien analysiert. Denken ist Denken in Begriffen – notwendigerweise. Und ohne zur Verfügung stehender Begriffe könnte etwas Begegnendes nicht analysiert und verstanden werden. Die für die hier verhandelte Problematik wichtigste dieser Kategorien ist die der Kausalität, der zur Folge alles empirisch Begegnende, Gegenstände und Sachverhalte, nach dem Folgeverhältnis von Ursache und Wirkung zu analysieren und strukturieren sind. Die Vernunft nun, als das ‚Vermögen des Unbedingten', sucht alle Einzelresultate in ein einheitliches Ganzes zu bringen, andernfalls würde sie ins Leere laufen. Darüber hinaus ist ja auch nur dann, wenn die Synthese alles Einzelwissens gelingt, auch das Einzelne hinreichend verstanden. Zu diesem Zweck bedient sich die Vernunft dreier regulativer Ideen, von denen sie sich leiten lässt: Einheit der Welt, Einheit des Ich (= Seele), Gott.

Konzentriert man diese Grundbestimmungen Kants zum theoretischen Verstandes- und Vernunftgebrauch auf die Subjektproblematik, dann wird schnell ersichtlich, dass für ihn die Vorstellung von Freiheit im Kontext theoretischer Vernunft keinen Platz mehr findet. Theoretische Vernunft konstruiert Gesetzlichkeiten, Naturgesetzlichkeiten. In der Welt von Naturgesetzlichkeit ist aber per definitionem alles Geschehen bestimmt von Kausalketten, und die theoretisch fragende Vernunft darf auch gemäß ihres eigenen Wesens die Regel des Gründens eines Gegebenen in einer es bedingenden Ursache gar nicht unterbrechen. Von daher bildet zwar die Idee der Freiheit (oder des Subjekts) eine Idee der theoretischen Vernunft, die sie notwendig fassen muss, wenn sie nicht in die Falle eines unendlichen Regresses laufen will – und endet dennoch in einem durch sie selbst nicht mehr auflösbaren Dilemma. Einerseits muss sie diese Idee fassen, weil sie ansonsten nichts Unbedingtes setzen könnte, welches eine Ereigniskette in Gang zu setzen vermag. Andererseits aber darf sie dieses Unbedingte, ein aus eigener Freiheit Handelndes, nicht setzen, weil sie als theoretische Vernunft verpflichtet ist, nach dem begründenden Grund dieses gerade noch als unbedingt Gedachten zu fragen. Folglich kann die theoretische Vernunft diese von ihr angezielte Unbedingtheit nicht mit solcher Bestimmtheit denken, dass sie es wiederum nicht auch nicht denken könnte, ja sogar müsste. Allerdings kann die theoretische Vernunft, und dies ist im Hinblick auf die Freiheits- und Subjektproblematik das entscheidende Resultat der *Kritik der reinen Vernunft*, auch nicht ausschließen, dass es Freiheit gibt.

Kant reichte dieses Resultat seiner kritischen Analyse theoretischer Vernunft völlig aus. Denn einerseits hatte er damit die Möglichkeit naturwissenschaftlicher Forschung begründet. Andererseits aber musste ihm zufolge theoretisch die Wirklichkeit von Freiheit auch gar nicht bewiesen werden. Denn dass ich frei bin, erschließt sich für Kant über das einzige Faktum der reinen praktischen Vernunft, über das ‚Du sollst' des Sittengesetzes, das sich der Vernunft aufzwängt.[15] Was theoretisch nicht abzusichern ist, erweist seine Wahrheit folglich praktisch: Über das ‚Du sollst' ist sich die Freiheit ihrer selbst unmittelbar gewiss. Dabei hat Kant den Freiheitsbegriff keineswegs auf den Begriff der moralischen Freiheit enggeführt. Im Sinne einer logischen Vorordnung liegt dem Begriff moralischer Freiheit der Begriff der transzendentalen Freiheit voraus. Mit letzterem Begriff wird die formelle Möglichkeit gedacht, überhaupt etwas anfangen zu können und sich zu allem, was der Freiheit begegnet, verhalten zu können, aber dann eben auch verhalten zu müssen.[16]

Auf Descartes bezogen analysiert Kant die Bedingungen, die zu denken sind, damit die über den methodischen Zweifel gesicherte cartesianische Ich-Evidenz denkbar wird. Um an allem zweifeln zu können, selbst an der Wirklichkeit meiner selbst und meines Vermögens zu zweifeln, muss ich frei sein. Begreift man nun den Akt des Zweifelns als einen Akt der theoretischen Vernunft, so musste es für Kant dennoch als gesichert gelten, dass dieses Zweifeln der Akt eines freien menschlichen Subjektes ist. Und zwar deshalb, weil Kant davon ausging, über das Faktum des ‚Du sollst' der reinen praktischen Vernunft die

[15] Vgl. unten S. 129 f.

[16] Zur Struktur des Freiheitsbegriffs bei Kant vgl. H. Meyer, Kants transzendentale Freiheitslehre (Alber-Reihe Praktische Philosophie; 51), Freiburg/München 1996.

Wirklichkeit von transzendentaler Freiheit überhaupt feststellen zu können; einer Freiheit, die zugleich den „Schlußstein[17]" des ganzen Vernunftsystems, also auch der spekulativ-theoretischen Vernunft, darstelle. Selbst wenn Kant dies in der Architektonik seiner drei Vernunftkritiken nicht mehr angemessen durchführen konnte: Was er bereits entdeckte, war, dass die Freiheit als Grund des gesamten Vernunftgebrauchs zu begreifen sei. Und zugleich zeigte er, dass der Subjektbegriff anders zu konzipieren sei als mittels der überkommenen ontologischen Kategorien, derer Descartes sich noch bedient hatte.

An diese Kantische Tradition wird anzuschließen sein, zuvor jedoch wieder zu Nietzsche.

Gründlich gezweifelt: Nietzsche

Dass dem ‚Ich denke' irgendeine unbestreitbare Evidenz zukomme, ist von Nietzsche vehement bestritten worden. Nietzsche hat an der *cogito ergo sum*-Formel Descartes' immer wieder deutlich zu machen versucht, dass dem Ich nichts unmittelbar und auch durch keine Reflexion abzusicherndes Gewisses zugrunde liege. Zwar nimmt Nietzsche, wie auch Metzinger, an, dass die Ich-Illusion zwar unhintergehbar ist. Von daher lässt sich auch die Wirklichkeit der Illusion als unmittelbar gewiss bezeichnen. Und dennoch entspricht der im ‚Ich denke' behaupteten Realität eines Ich keine Realität außerhalb des Denkens. „Was mich am gründlichsten von den Metaphysikern abtrennt, das ist: ich gebe ihnen nicht zu, daß das ‚Ich' es ist, was denkt: vielmehr nehme ich das *Ich selber als eine Construction des Denkens*, vom gleichen Range, wie ‚Stoff' ‚Ding' ‚Substanz' ‚Individuum' ‚Zweck' ‚Zahl': also nur als *regulative Fiktion*, mit deren Hülfe eine Art Beständigkeit, folglich ‚Erkennbarkeit' in eine Welt des Werdens hineingelegt, *hineingedichtet* wird. Der Glaube an die Grammatik, an das sprachliche Subjekt, Objekt, an die Thätigkeits-Worte hat bisher die Metaphysiker unter-

[17] I. Kant, Kritik der praktischen Vernunft A 4, WW 7, 107.

jocht: diesen Glauben lehre ich abschwören. Das Denken setzt erst das Ich: aber bisher glaubte man, wie das ‚Volk', im ‚*ich* denke' liege irgend etwas von Unmittelbar-Gewissem und dieses ‚Ich' sei die gegebene Ursache des Denkens, nach deren Analogie wir alle sonstigen ursächlichen Verhältnisse ‚verstünden'. Wie sehr gewohnt und unentbehrlich jetzt jene Funktion auch sein mag, das beweist nichts gegen ihre Erdichtetheit: es kann etwas Lebensbedingung und *trotzdem falsch* sein."[18] Descartes' Vorstellung einer unmittelbaren Evidenz des Ich wird von Nietzsche damit streng funktional interpretiert. Für das Lebewesen Mensch mag es zwar unverzichtbar sein, sich *als* freiheits- und vernunftbegabtes Ich und Subjekt zu begreifen. Und schließlich suggeriert ja auch die Sprache, dass jedem Prädikat notwendig auch ein Subjekt hinzusetzen sei, dass jede Handlung einen Akteur voraussetze. Und dennoch liegt in diesem Glauben des Menschen an sich selbst als freies und ichhaftes Wesen für Nietzsche nichts anderes als eine regulative Idee, eine Idee, die eine Funktion ausfüllt: eine Funktion für das Lebewesen Mensch, der über diese Funktion hinaus keine Wirklichkeit entspricht.

Nietzsches Dekonstruktion des Begriffs des Subjekts, des Ich, ist folgenreich. Wäre sie unabweisbar, so hätte dies unausweichlich zur Konsequenz, dass es keinerlei Möglichkeit mehr gäbe, Vernunftvollzüge einem ichhaften Subjekt zuzuschreiben. Die Begriffe von Zurechenbarkeit und damit von Verantwortlichkeit müssten fallen gelassen werden. Zwar könnte der Mensch gar nicht anders, als weiterhin in solchen Kategorien zu denken, weil die nach dem Subjekt-Pädikat-Schema verlaufende Organisation des Vernunftgebrauchs dazu zwingt, einen als Handlung vorgestellten Geschehensablauf auf ein Subjekt, das handelt, zurückzuführen. Aber es wäre eben eine Interpretation von Vorgängen, die nur für das Bewusstsein gültig wäre. Außerhalb des Bewusstseins verlaufen die Prozesse Nietzsche zufolge völlig anders, eben nicht subjekthaft im Sinne von freiheitsbestimmt. Vor diesem Hintergrund seiner Subjektdekonstruktion bekommt

[18] F. Nietzsche, NF Mai-Juli 1885 35 [35], KSA 11, 526.

auch allererst Nietzsches berühmtes Diktum, dass es keine Moral, sondern nur eine moralische Interpretation von Phänomenen[19] gibt, seine eigentliche Schärfe. Ohne Subjekt keine Moralität.

Dogmatismus oder: Über die Unmöglichkeit, sich ins reine Objekt des Denkens aufgehen zu lassen

Die Diskussion, die Nietzsche im Hinblick auf Descartes anstrengt, ist, unter philosophiehistorischen Gesichtspunkten betrachtet, nicht völlig neu. Dass dem Begriff des Ich eine reine Scheinexistenz unterlegt worden sein könnte, wurde auch bereits im Anschluss an Kant diskutiert. Die Einstiegsschneisen, die in der Vernunftkritik Kants selbst angelegt sind und die diese Diskussion ermöglichten, können hier nicht detailliert aufgezeigt werden.[20] Den wie keinen anderen von der Idee der Freiheit faszinierten *Johann Gottlieb Fichte* (1762–1814) jedenfalls hat die Vorstellung, dass das freie, seiner selbst bewusste Ich eine reine Chimäre sein könnte, in eine Krise gestürzt, die ihn sein Leben lang nicht mehr losließ, die ihn aber auch dazu angetrieben hat, den Begriff der Freiheit immer stärker philosophisch zur Geltung zu bringen.[21] Es war *Friedrich Heinrich Jacobi* (1743–1819) gewesen, der Fichte in diese Krise stürzte, eine Krise, die als die sogenannte Nihilismuskrise in die Annalen der Philosophiegeschichte eingehen sollte. Selbstredend hatte Jacobi kein naturalistisches Interesse, ging es doch auch ihm um die Möglichkeit des Glaubens. Vielmehr fürchtete er, dass auf dem subjektphilosophischen Weg Kants – trotz des gegenteiligen Interesses Kants – die Möglichkeit des Glaubens sich

[19] F. Nietzsche, Jenseits von Gut und Böse, KSA 5, 105f.

[20] Vgl. M. Striet, Das Ich im Sturz der Realität, 80–83.

[21] Ihren bei Fichte unmittelbaren Niederschlag hat diese Krise, die – von Nietzsches Begriff des Nihilismus allerdings deutlich zu unterscheidende – Nihilismuskrise, in dessen Schrift *Die Bestimmung des Menschen* (1800) gefunden. Vgl. hierzu P. Rohs, Johann Gottlieb Fichte, München 1991, 121–132.

würde auflösen. Fichte wurde durch Jacobi in die Krise gestürzt, indem er der spekulativen theoretischen Philosophie Kants und ihren Begriffen bestritt, noch eine Wirklichkeit erreichen zu können, die außerhalb des Bewusstseins sei und damit eine außerbegriffliche Realität habe. Damit bezog er die Geltung aller Begriffe auf die reine Bewusstseinsebene. Wenn aber alle Begriffe nur Begriffe und eben nicht mehr sind, wenn diese ihre Funktion und Wahrheit nur auf einer rein logischen und sich auf die reine Immanenz des Bewusstseins beziehenden Ebene besitzen, könnten dann nicht auch die Begriffe des Ich und der Freiheit bloße Begriffe sein? Für Jacobi schien diese Konsequenz unausweichlich, ließ man sich allererst einmal auf den Kantischen Denkweg ein. Das Ich gerät in den Verdacht, eine bloße Chimäre zu sein, ein realitätsloses Bild von einem bloßen Bild. Und von daher titulierte er denn auch Fichte, der vielleicht am konsequentesten in dieser Zeit am Freiheitsimpuls Kants für die Philosophie festhielt, als den „wahren Messias der spekulativen Vernunft“[22] – als den Messias aber, der gerade dadurch, dass er mit dem Subjektprinzip radikal ernst machte, das Ich in seine größte spekulative Krise stürzte. Die verzweifelte Suche nach einem Grund von Gewissheit, die bei Descartes in der Fixierung auf das Ich als fundamentum inconcussum gerade noch einmal zur Ruhe gekommen war, beginnt erneut. Hatte sich das Ich also, um das Bild Descartes' aufzunehmen, doch nur im Treibsand festzumachen versucht? Hatte Descartes zu wenig gezweifelt?

Selbst wenn die Auseinandersetzung zwischen Jacobi und Fichte von anderen Problemkonstellationen lebte, so ist sie auch noch für eine kritische Beurteilung von Nietzsches Subjektkritik in hohem Maße aufschlussreich.[23] Um die Wirklichkeit von Freiheit zu sichern, hat Fichte sich methodisch wiederum der Tradition Descartes' und Kants angeschlossen: an das Ich bezie-

---

[22] Jacobi an Fichte (1799), in: H. Lindau, Die Schriften zu J. G. Fichtes Atheismus-Streit, München 1912, 158.

[23] Vgl. ausführlich hierzu M. Striet, Das Ich im Sturz der Realität, 199–204. 214–219.

hungsweise an die Freiheit als das einzig mögliche Prinzip der Philosophie. Alles andere hätte für Fichte auch eine existentielle Katastrophe bedeutet. Denn ein Zurück zu einem strengen Determinismus, dem er selbst in der allerersten Zeit seines Philosophierens angehangen hatte, konnte es für ihn nicht mehr geben. Es war die Entdeckung der Philosophie Kants, die ihn aus dem Determinismus befreit hatte; aus einem Determinismus, der schließlich notwendig einem Fatalismus gleichgekommen wäre[24] und damit zugleich die Möglichkeit moralischer Selbstbestimmung verneint hätte. Fichtes Argument gegen den Verdacht, das freie Ich könnte eine Chimäre sein, ist zunächst einmal nicht theoretischer, sondern praktischer Natur. Praktischer Natur aber deshalb, weil es dem Wesen der Freiheit eben widerstreitet, zum Gegenstand theoretischer Erkenntnis zu werden: Die *Wirklichkeit von Freiheit* kann nur auf dem selbstergriffenen Standpunkt der Freiheit *in ihrer Wirklichkeit als Freiheit* eingesehen werden. Zugleich ist es das Interesse „für uns selbst“, das es dem Philosophen verhindert, sein „Selbst im Raisonnement [...] zu verlieren, sondern es zu erhalten und zu behaupten“[25]. Warum die Versuchung, das Ich aus seiner Funktion für die philosophische Selbstverständigung des Menschen über sich selbst zu entlasten, dennoch zu obsiegen imstande ist, war für Fichte klar: „Was für eine Philosophie man wähle, hängt sonach davon ab, was man für ein Mensch ist: denn ein philosophisches System ist nicht ein todter Hausrath, den man ablegen oder annehmen könnte, wie es uns beliebte, sondern es ist beseelt durch die Seele des Menschen, der es hat.“[26] Und diese Einsicht, dass nur das Wollen der Freiheit davor bewahrt, das Ich zur Illusion und damit zum Ding unter anderen Dingen zu erklären, ist auch dann noch gültig, wenn der Determinismus oder, wie Fichte sagt, der Dogmatismus gegenüber dem Freiheitsdenken die auch

---

24 Vgl. J.G. Fichte, Erste Einleitung in die Wissenschaftslehre (1797), in: Fichtes Werke. Hg. v. I.H. Fichte, Berlin 1971, Bd. 1, 417–450, 430f.

25 J.G. Fichte, Erste Einleitung in die Wissenschaftslehre, 433.

26 Ebd., 434.

theoretisch schwächere Alternative darstellt – einzusehen allerdings nur auf dem Standpunkt der Freiheit.

Als die theoretisch schwächere Alternative erweist er sich jedenfalls dann, wenn man nicht gewillt ist, das zu erklärende Phänomen unbillig in seiner Komplexität zu verkürzen. Nietzsche konnte nur deshalb das Ich zur Illusion erklären, weil er es in seiner Kritik in die Objektstellung des Denkens brachte und den Begriff des Ich damit reflektierte wie einen jeden anderen Begriff auch. Fichte hat zwingend klargemacht, dass diese Verobjektivierung des Ich dem zu erklärenden Phänomen in keiner Weise gerecht zu werden vermag und damit auch theoretisch unbefriedigend ist.[27] Denn was es zu erklären gilt, ist ja nicht nur ein einfaches, sondern ein doppeltes im Bewusstsein: dinghaftes Sein zum einen und ein diesem dinghaften Sein zusehendes Bewusstsein zum anderen. Letzteres aber lässt sich niemals als bedingt durch etwas begreifen, das nicht ein sich selbst zusehendes und damit ein freies, weil aktives und selbstreflexives Ich ist. Ohne ein solches Ich, in Kants Terminologie: die transzendentale Freiheit hinzuzudenken, lässt sich das Phänomen des Bewusstseins in seiner spezifischen Form als Selbstbewusstsein nicht angemessen erklären. Allerdings, ohne bereits ein Bewusstsein vom Wesen der Freiheit zu haben, lässt sich diese Reflexion nicht einsichtig machen, weil sie nur von einem jeden selbst bewahrheitet werden kann. Zumindest wird solange, wie der Standpunkt der Freiheit nicht wirklich erklommen ist, wohl immer wieder Skepsis laut werden.

Selbstwahl mit Kierkegaard. Existieren zwischen Möglichkeit und Wirklichkeit

„... unendlich interessiert am Existieren“[28] – so hat Kierkegaard den wirklichen Menschen beschrieben. Warum aber richtet sich dieses unendliche Interesse am Existieren nicht notwendig dar-

[27] Vgl. ebd., 435–437.

[28] S. Kierkegaard, Abschließende unwissenschaftliche Nachschrift. Zweiter Teil (GW; 16), Gütersloh ²1989, 2f u. ö.

auf, frei sein zu wollen? Die Möglichkeit freier Selbstbestimmung in die Wirklichkeit zu überführen? Warum, so muss gefragt werden, ist das Interesse für uns selbst, von dem Fichte gesprochen hat, dergestalt gefährdet, dass das Ich sich selbst zur „arge[n] Chimäre“[29], wie auch bei Sloterdijk zu beobachten, zu erklären willens ist? Ob eine solche Selbstdekonstruktion zur Chimäre überhaupt von alltags- und lebenspraktischer Relevanz ist, darf wohl bezweifelt werden. Nietzsche selbst gibt hierfür ein beredtes Zeugnis. Sein Briefwechsel, zumal der mit seinem Freund Franz Overbeck, zeugt von einer Verbindlichkeit, die sehr wohl ‚ich‘ zu sagen voraussetzt. Warum aber diese, offensichtlich bis heute anhaltende Faszination, dem Ich bereitwillig den Abschied zu geben?

In seiner Analyse möglicher menschlicher Existenzformen hat Kierkegaard[30] unterschieden zwischen der ästhetischen, ethischen und der gläubigen Existenzform. Als das heimliche, aber kaum erahnte Motiv der ästhetischen Lebensform gilt Kierkegaard die Angst; die Angst, die den Menschen erfasst, wenn er seine Bestimmung zur Freiheit auch nur erahnt; die Bestimmung zur Freiheit, die zwischen den verschiedenen sich ihr bietenden Möglichkeiten wählen muss und in diesem Akt des Wählens zugleich sich selbst in bestimmter Weise wählt. Eindringlich hat Kierkegaard beschrieben, wie der Ästhetiker dem ihm zum Imperativ gewordenen Motto „man soll das Leben genießen“[31] zu entsprechen versucht. Das Leben darf nur noch als ein auf den Augenblick bezogenes Experiment wahrgenommen werden; die Voraussetzung des Experiments aber besteht darin, dass alle Möglichkeiten als beliebig austauschbare gelten. Sie müssen spätestens dann ausgetauscht beziehungsweise in ihrer Bedeutung relativiert werden, wenn sie in die Wirklichkeit überführt sind. Der Ästhetiker spielt mit Möglichkeiten, Verbindlich-

---

[29] P. Sloterdijk, Selbstversuch, 263.

[30] Zur Aktualität Kierkegaards für die kulturelle Gegenwartsdiagnostik vgl. M. Bongardt, Ästhetische Existenz und christliche Identität. Zur möglichen Gestalt des Christentums in der Erlebnisgesellschaft, in: Concilium 35 (1999) 461–470.

[31] S. Kierkegaard, Entweder/Oder II/2 (GW; 2/3), Gütersloh ²1987, 191.

keit und Ernsthaftigkeit aber gehen ihm ab. Die Angst und die damit verbundene Schwermut angesichts der Endlichkeit des Lebens werden beschwichtigt, indem der Ästhetiker sich konsequent mit der Endlichkeit abfindet. Das Vergessenkönnen wird zur Kunst.[32] Nichts darf über den Augenblick des Genusses hinaus Bedeutung haben, auch das eigene Ich nicht. Von daher ist es nur konsequent, dass dem Ästhetiker auch das eigene Ich rätselhaft bleiben muss. „Rätselhaft soll man nicht bloß für andre sein, sondern auch für sich selbst. Ich studiere mich selbst; bin ich es müde, so rauch ich zum Zeitvertreib eine Zigarre und denke: Weiß Gott, was der Herrgott sich eigentlich bei mir gedacht hat, oder was er aus mir noch machen will."[33] Nur keine Festlegung also, denn jede Form der Festlegung würde – so muss es dem Ästhetiker scheinen – das Problem der Endlichkeit, der Angst und der Schwermut angesichts der Sinnlosigkeit des Daseins erneut unausweichlich werden lassen. Der Ethiker hingegen legt sich fest; er entscheidet sich zur eigenen Freiheit und entweicht, indem er in diesem Akt sich selbst wählt, dem Zwang des Ästhetikers, permanent und am Ende verzweifelt nach neuen Möglichkeiten Ausschau halten zu müssen, ohne diese wirklich wählen zu können. Und dennoch, dies erkennt der Ethiker, wählt auch der Ästhetiker: „Aus ethischer Perspektive [...] wird sichtbar, daß die Begabung des Menschen zur Wahl ihm das Nichtwählen letztlich unmöglich macht. [...] Der Mensch steht vor der Entscheidung, seine Freiheit bewußt zu wählen oder zu gewinnen, oder sie im Verzicht auf ihr Ergreifen zu verlieren."[34] Definitiv glückende Existenz kann es für Kierkegaard jedoch nur geben, wenn der Mensch das Wagnis des Glaubens eingeht. Wenn der Mensch sich auf den Gott einlässt, der ihn vorbehaltlos annimmt und ihn, weil diese Vorbehaltlosigkeit unbedingt ist, aus der Angst, die mit der Freiheit gegeben ist, loslöst. Außerhalb des Glaubens aber kann es für

---

32 Vgl. ebd., I/1, 313f.

33 Ebd., I/1, 28.

34 M. Bongardt, Der Widerstand der Freiheit. Eine transzendentaldialogische Aneignung der Angstanalysen Kierkegaards, Frankfurt/M. 1995, 62.

Kierkegaard keine glückende Existenz geben. Und dies deshalb nicht, weil der Mensch unausweichlich in der Spannung von Endlichkeit und Unendlichkeit steht[35]; eine Spannung, die er selbst - auch der Ethiker - nicht aufzulösen imstande ist, und versucht er es dennoch, er sich an einen der Pole, entweder die Endlichkeit oder die Unendlichkeit, verliert.

Vor dem skizzierten Hintergrund ließe sich diskutieren, ob bestimmte Versuche von Subjektdekonstruktion nicht auch, in Anlehnung an die Terminologie Kierkegaards, als Verzweiflungsformen gedeutet werden müssen. Als Weigerung man selbst zu sein. Andersherum formuliert: Als Versuch, nicht man selbst sein zu müssen angesichts der vorausgesetzten Vergeblichkeit menschlichen Daseins. Sloterdijks Gnosis-Interpretation bietet hierfür ein Indiz. Weltflucht als Anti-Theodizee, auf diese Formel wurde Sloterdijks Interpretation der Gnosis gebracht. Vielleicht auch Ich-Flucht als Anti-Anthropodizee? Muss vielleicht der Versuch, das Leben nur noch ästhetisch zu inszenieren, sich auf die Glückserfahrung des Augenblicks zu beschränken und damit der Aufgabe einer verbindlichen Selbst-Wahl auszuweichen, vor diesem Hintergrund gewertet werden? Aber: Es wäre eben immer noch eine Form der Selbst-Wahl, nämlich kein Selbst in der Zeit ausbilden zu wollen, nicht Person mit einer selbst gewählten und verantworteten Geschichte werden zu wollen. Und es wäre Ausdruck dieser Form von Selbstwahl, das Ich in seine vielen, nicht mehr miteinander vermittelten Geschichten aufgehen zu lassen. Pluralisierung des Ich in der Vielfältigkeit der Selbstexperimente als verfehlte Selbstwahl.

Die Bedeutung, die die gerade mit Kierkegaard aufgezeigte Möglichkeit des Glaubens für die Ausbildung von personaler Identität besitzen kann, wird am Schluss dieses Bandes noch angedeutet werden. Worum es bisher nur ging, war, den Willen zur Selbstdekonstruktion als letzten Akt eines Verzweifelt-

---

[35] Vgl. S. Kierkegaard, Die Krankheit zum Tode. Übers. und mit Glossar, Bibliographie sowie einem Essay „Zum Verständnis des Werkes" hg. v. L. Richter, Frankfurt/M. ^{2}1986, 13: „Der Mensch ist eine Synthese von Unendlichkeit und Endlichkeit, von Zeitlichem und Ewigem, von Freiheit und Notwendigkeit, kurz, eine Synthese."

nicht-man-selbst-sein-Wollens zu verstehen. Dass es hierfür gute Gründe geben kann, weil das allein auf sich selbst zurückgeworfene Ich angesichts seiner eigenen Begrenztheit und Endlichkeit heillos überfordert ist, wird im Anschluss an diese Überlegungen noch deutlich werden. Als theoretisch unausweichliche Einsicht darf aber etwas anderes festgehalten werden: Auch ein Verzweifelt-nicht-man-selbst-sein-Wollen, die Selbsterklärung zur reinen Chimäre, ist noch ein Akt der Freiheit. Einsichtig wird dies aber nur auf dem Standpunkt des Ethikers, damit auf dem Standpunkt der Freiheit.

III

„ ... sich selber bejahend"
Die absolute Inversion des sola gratia in Nietzsches Wiederkunftslehre

Warum überhaupt etwas ist. Staunen, Erschrecken und die Frage der Theodizee

Neben dem Staunen darüber, dass es überhaupt etwas gibt und nicht vielmehr gar nichts, – neben dem Staunen darüber, dass es eine Welt gibt, auf dass der Mensch sein kann, – neben dem Staunen darüber, dass sich der Mensch, als vielfältig bedingtes und dennoch freies und des Vernunftgebrauchs fähiges Wesen in dieser kontingenten Welt eine Geschichte geben kann, – neben dem Staunen darüber, dass die Welt dergestalt zweckmäßig eingerichtet ist, dass der Mensch sich die Natur nutzbar machen, auf dass er die Schönheit der Welt lieben kann, – neben allem Staunen über diese Möglichkeit des Menschseins[1] war es die Erfahrung der Negativität, das Erschrecken über den Tod und die Zufälligkeit des naturalen Schicksals, aber auch das Erschrecken über die Bosheit des Menschen, die das philosophische Fragen nach dem Grund von Welt und Menschsein in Gang setzte. Warum ist überhaupt etwas und nicht vielmehr nichts? Platons berühmtes Diktum – „es gibt keinen andern Anfang der Philosophie als diesen", „das Erstaunen" (Theaitetos 155d) – bezeichnet den Grund, aus dem Menschen überhaupt beginnen zu fragen; aus dem sie beginnen, nach der Welt im Ganzen und nach sich selbst zu fragen. Ausgelöst aber wird das Erstaunen durch

[1] Zur Bedeutung des Staunens für das philosophische und theologische Fragen, für dessen Priorität gegenüber der Frage und dem Urteil vgl. H. Verweyen, Botschaft eines Toten?, Regensburg 1997, 96–109.

zweierlei, durch die Erfahrung des Seins überhaupt und des Guten und Schönen, aber eben auch durch die Erfahrung des Negativen. Dies gilt bereits für die Antike. „Wehe dir, du jämmerliches Geschlecht der Sterblichen, du gänzlich unglückseliges! Aus solchen Klagen und Seufzern seid ihr geboren!", so heißt es beispielsweise schon bei Empedokles.[2] Der frühgriechische Denker aus Agrigent hat damit eine Beschreibung menschlichen Daseins gegeben, die bis heute gültig ist. Beides, das Staunen über die Welt und das Erschrecken angesichts der Erfahrung der Negativität, setzt bereits eine Distanz des Menschen zur Welt voraus; der Mensch ist jeweils aus dem unmittelbaren Naturzusammenhang herausgebrochen. Das Fragen wird nun unausweichlich. Und das Fragen verlangt nach Antworten. Warum ist überhaupt etwas?

Auch wenn das Staunen über die Welt in seiner Funktion für die Selbstverständigung des Menschen über sich selbst nicht unterschätzt werden sollte, so ist doch zu fragen, was das Denken *vor allem* in Gang hält. Es dürfte die das menschliche Leben allzu häufig viel bestimmendere Erfahrung der Negativität, der Not und des Leidens sein, die den Menschen aus der Unmittelbarkeit des Daseins herausreißt und so die bewussten Fragen nach dem Warum des Ganzen provoziert. Angesichts der Erfahrungen von Leid und Tod, auch dies lehrt das Leben, verdunkeln sich die Glücksmomente oder geraten gar in Vergessenheit. Eine Philosophie, die sich diesen Erfahrungen auf Dauer nicht stellt, ist keine Philosophie, zumindest keine ernsthafte. Dies gilt auch noch in Zeiten nachmetaphysischen Denkens. Auch wenn sich der nachmetaphysischen, ihrer Endlichkeit und Begrenztheit bewusst gewordenen philosophischen Vernunft Antworten auf die großen Fragen der Menschheit, die die Fragen der Metaphysik waren, verwehrt sind, so wird sie nur um den Preis ihrer Selbsthistorisierung oder schärfer: ihrer Selbstbanalisierung von diesen Fragen ablassen können. Deshalb ist der philosophischen Vernunft nicht mehr, aber eben auch nicht weniger abzuverlan-

[2] Empedokles, Fragment DK 31 B 124; Vgl. W. Capelle, Die Vorsokratiker, Stuttgart 1968, S. 242.

gen, als diese Fragen zu stellen, spekulativ voranzutreiben und, selbst wenn sie keine Antworten auf sie findet, wach zu halten. Sie hat dies zu tun um ihrer eigenen Humanität willen.

Theologisch ist die Erfahrung der Negativität präsent als Frage nach der Rechtfertigung Gottes angesichts der Übel der Welt, als die Frage der Theodizee; eine bekanntlich uralte theologische Frage, die bereits im Buch Hiob auf Antworten drängt und dort eine bis heute, für den Leser aufreibende Gestaltung gefunden hat. „Ich bin unschuldig!" (Hiob 9,21; 33,9), darauf insistiert Hiob unnachgiebig gegenüber seinen theologischen Freunden, die bei Hiob selbst den Grund für sein maßloses Unglück und Leiden suchen. Hiobs Schicksal schreit zum Himmel, Gottes Gerechtigkeit wird massiv bezweifelt. Auch die anderen Schriften der Bibel sind durchdrungen von der Frage der Theodizee. Etwa die Psalmen, die – neben dem Lobpreis Gottes – die Klage erheben: gegen das Leiden, gegen Krankheit und Tod, und gegen das Unrecht, die Ungerechtigkeit. Kern der Klage ist das Gefühl des Verlassenseins von Gott: „Verbirg dein Antlitz nicht vor deinem Knechte; denn mir ist bange, eilends erhöre mich" (Ps 69,18). Allerdings gilt für die biblischen Schriften: Der Glaube zerbricht, trotz aller Anfechtung, noch nicht unter der Last der Theodizeefragen. Sie bedrängen ihn zwar, doch halten sie den Glauben an den rettenden Gott zunächst vor allem wach und bewahren ihn davor, Kinderglaube zu werden, in den Mythos zurückzufallen.

Dabei ist, theologisch betrachtet, das Problem des Leids und des Tods noch weitaus dramatischer als in seiner allgemeinen, philosophischen Fassung. Denn theologisch betrachtet kann das Leid, richtet sich das Fragen auf dessen Ursprung, nicht ein nicht weiter aufzuklärendes Schicksal sein, das den Menschen blind trifft und das dann die Fragen provoziert, die die menschliche Vernunft dergestalt belästigen, dass sie sich ihrer nicht wieder entledigen kann (Kant). Wird ein Gott vorausgesetzt, dem die Übel des Weltverlaufs geklagt, aber eben auch angelastet werden können, dann verschärft sich die Frage, warum es überhaupt das Leiden und den Tod gibt, in spezifischer Weise. Denn es handelt sich beim biblischen Gott ja nicht um irgendeinen Angeklagten. Sondern um eine Wirklichkeit, die als freier Grund der Schöpfung die Attribute von Allmacht, Güte und Gerechtigkeit zukommen sollen. Lässt sich aber ein solcher, von Gott ja keineswegs bestimmungslos, sondern von ihm als Liebe redender Glaube noch mit der Erfahrung der Negativität verbinden? Oder ist ein solcher Glaube, vorausgesetzt er lässt die Fragen der Theodizee nur ernsthaft an sich heran, von vornherein zum Scheitern verurteilt?

Jedenfalls kann ein Monotheismus, der in dieser bestimmten Weise von Gott redet, die Frage der Theodizee nicht mehr auf andere Instanzen abwälzen; sie nagt am Glauben selbst und bedarf deshalb der Reflexion. Doch wie lange vermag sich der Glaube gegen den mit der Frage der Theodizee gegebenen Zweifel zur Wehr zu setzen? Sind die theodizeekritischen Argumente nicht zu stark? Und was folgt, falls der Versuch der Theodizee scheitern sollte?

Von der Theodizee zur Anthropodizee. Bloch, Büchner, Camus

Rekapituliert man den faktischen Verlauf, den die Geschichte der Theodizee in der Neuzeit schließlich genommen hat[3], dann scheint die Antwort auf die Frage nach der Vereinbarkeit der Erfahrung von Negativität mit den Gottesattributen schnell gefunden zu sein. Bedingt durch die mit der Neuzeit gegebene Wende zur Anthropozentrik und durch die Selbstverpflichtung der menschlichen Vernunft auf das Moralgesetz scheint die Möglichkeit, den Glauben an Gott angesichts des Drucks der Theodizeefrage und ihrer Argumente noch theoretisch verantworten zu können, allmählich wegzubrechen. Geschweige denn, dass die Frage der Theodizee zufriedenstellend beantwortet werden könnte, droht nun gar, dass sie selbst für den Glauben*wollenden*, vielleicht sogar verzweifelt Glaubenwollenden, nicht einmal

[3] Vgl. hierzu H.-G. Janssen, Gott – Freiheit – Leid, Das Theodizeeproblem in der Philosophie der Neuzeit, Darmstadt 1989.

mehr offen gehalten werden kann. Auch angesichts der Frage der Theodizee noch glauben zu wollen, gerät zunehmend unter den Verdacht der Unredlichkeit. Warum?

Als die tragende „Logik des Buchs Hiob" hat *Ernst Bloch*, der Philosoph der Hoffnung, herausgearbeitet, dass hier ein Mensch seinen Gott „überholt, ja überleuchtet", und zwar deshalb, weil „das moralische Bewußtsein Hiobs völlig zum Halt gegen Jahwe, den fragwürdigen Richter", gebiete.[4] Als Maßstab des Sollens für Jahwe wird dessen potentielles Können angesetzt: „wirkliche Allmacht und Güte würden [...] nicht gleichgültig werden und ermüden. Nicht dem Sünder gegenüber, erst recht nicht, wie Hiobs Realismus unaufhörlich feststellt, dem Gerechten gegenüber." Jede Theodizee (und damit Theologie) sei seitdem, so das Fazit Blochs, „an Hiobs harten Fragen gemessen, eine Unredlichkeit"[5]. Unredlich deshalb, weil Gott, um Gott für den Menschen sein zu können, mindestens eines zu sein hätte: nämlich moralisch. Und die Logik ist ja auch zwingend: Kann ein nicht-moralischer Gott Gott für den Menschen sein? Letzterer kann zwar weiß Gott auch nicht für sich beanspruchen, moralischen Ansprüchen gerecht zu werden. Aber ließe sich von Gott noch als dem Heiligen reden, wenn selbst er in seinem moralischen Willen müde würde? Könnte ein moralisch unentschiedener Gott wirklich noch Gott für den Menschen sein?

Die Antwort eines starken Stroms neuzeitlichen Denkens ist hier eindeutig: Gott verliert seine Glaubwürdigkeit in den Augen des Menschen, weil er nicht hilft; weil er, und zwar den Möglichkeiten seiner Allmacht gegenläufig, der Ungerechtigkeit keinen Einhalt bietet und der Not kein Ende setzt, und dies obwohl er, wenn er denn Gott für den Menschen sein wollte, doch zumindest moralisch zu sein hätte; Gott scheitert in seinem Gottsein und wird deshalb hinfällig. So lautet denn das Fazit, in der Formulierung *Stendhals*: „die einzige Entschuldigung Gottes ist, dass er nicht existirt" – hier zitiert nach *Nietzsche*, der

---

[4] E. Bloch, Atheismus im Christentum. Zur Religion des Exodus und des Reiches, WW 14, Frankfurt/M. 1986, 152.

[5] Ebd., 163.

Stendhal um diese Formulierung beneidet hat: „Er hat mir den besten Atheisten-Witz weggenommen, den gerade ich hätte machen können [...] Ich selbst habe irgendwo gesagt: was war der grösste Einwand gegen das Dasein bisher? Gott ...“[6]

Die hier knapp angedeutete Dramatik, die die Geschichte der Theodizee in der Neuzeit genommen hat, darf und kann angesichts ihrer Folgewirkungen in ihrer Bedeutung für das menschliche Denken überhaupt nicht hoch genug veranschlagt werden. Offensichtlich tendiert die Theodizeereflexion in ihrem faktischen Verlauf auf eine Aufhebung ihrer Prämissen, zuletzt ihrer grundlegendsten: der Existenz Gottes. Doch sind eben auch die Folgen, die der Verlust des Gottesglaubens für die menschliche Existenz hat, für den konkreten Lebensvollzug des Menschen in ihrer Dramatik überhaupt nicht zu unterschätzen. Nochmals Nietzsche: „Ist es nicht kälter geworden? Kommt nicht immerfort die Nacht und mehr Nacht? Müssen nicht Laternen am Vormittag angezündet werden? Hören wir noch Nichts von dem Lärm der Todtengräber, welche Gott begraben? Riechen wir noch Nichts von der göttlichen Verwesung? – auch Götter verwesen! Gott ist todt! Gott bleibt todt! Und wir haben ihn getödtet! Wie trösten wir uns, die Mörder aller Mörder? Das Heiligste und Mächtigste, was die Welt bisher besass, es ist unter unseren Messern verblutet, (wer wischt diess Blut von uns ab? [...] Ist nicht die Grösse dieser That zu gross für uns? Müssen wir nicht selber zu Göttern werden, um nur ihrer würdig zu erscheinen? Es gab nie eine grössere That, (und wer nur immer nach uns geboren wird, gehört um dieser That willen in eine höhere Geschichte, als alle Geschichte war.“[7] Sofern Nietzsche dem Menschen die Rolle des Subjekts in der Geschichte des Gottesmordes zuschreibt, distanziert er sich bereits aus der klassischen Tradition der Theodizeereflexion. Hier, in der klassischen Geschichte der Theodizee, wird das Ereignis des Gottestodes vielmehr als ein schleichendes beschrieben, peu a peu verliert sich der Glaube an ihn. Bei Nietzsche hingegen stellt sich der Gottestod, zumin-

[6] F. Nietzsche, Ecce homo, KSA 6, 286.
[7] F. Nietzsche, Die fröhliche Wissenschaft, KSA 3, 483.

dest am Ende, als heroische Tat dar, selbst wenn sich die bange Frage einmischt, ob die „Grösse dieser That" nicht doch „zu gross für uns" sein könnte.

Noch *Georg Büchner* lässt in seiner Erzählung *Lenz* die gleichnamige Hauptfigur angesichts des Todes eines Kindes am Theodizeeproblem und damit an Gott verzweifeln, ihn zugleich die angebliche Schönheit der Welt als nur noch vermeintliche erscheinen und ihn deshalb zu guter Letzt atheistisch werden: „Es war ihm, als könnte er eine ungeheure Faust hinauf in den Himmel ballen und Gott herbeireißen und zwischen seinen Wolken schleifen; als könnte er die Welt mit den Zähnen zermalmen und sie dem Schöpfer ins Gesicht speien; er schwur, er lästerte. So kam er auf die Höhe des Gebirges, und das ungewisse Licht dehnte sich hinunter, wo die weißen Steinmassen lagen, und der Himmel war ein dummes blaues Aug, und der Mond stand ganz lächerlich drin, einfältig. Lenz mußte laut lachen, und mit dem Lachen griff der Atheismus in ihn und faßte ihn ganz sicher und ruhig und fest." Doch hütet sich Büchner davor, Lenz irgendwelche titanischen Anwandlungen anzudichten: „es war ihm alles leer und hohl, er musste laufen und ging zu Bette"[8]. Und endgültig an der Not und Vergeblichkeit des Daseins psychisch erkrankt, heißt es von Lenz am Schluss der Erzählung: „Er tat alles, wie es die andern taten; es war aber eine entsetzliche Leere in ihm, er fühlte keine Angst mehr, kein Verlangen, sein Dasein war ihm eine schreckliche Last. – So lebte er hin ..."[9]

Anders bei *Nietzsche.* Für ihn trägt der Tod Gottes als Tat des Menschen sehr wohl titanische Züge, und zwar aufgrund veränderter Vorzeichen im Hinblick auf die Ätiologie der bis dahin vorherrschenden Daseinsverzweiflung. Nietzsche kehrt die Begründungsverhältnisse um. Erst der Glaube an Gott – Gott, der bisher „grösste Einwand gegen das Dasein" – provoziert für Nietzsche diese Verzweiflung am Dasein; erst der Glaube an Gott, nicht aber die Erfahrung der Negativität des Daseins, ließ

---

[8] G. Büchner, Lenz, in: ders., Werke und Briefe, München [11]1976, 65–84, 78.

[9] Ebd., 84.

den Menschen am Dasein verzweifeln. Nietzsches Philosophie versucht nicht zuletzt deshalb ohne den Glauben an einen persönlichen Gott auszukommen, weil es für ihn gerade dieser Glaube war, der den Menschen am Dasein und an sich selbst hat verzweifeln lassen. Gibt es keinen Gott, so Nietzsches Logik, gibt es auch keinen Grund am Dasein zu verzweifeln, weil der Verzweiflung dann ihr Maßstab entzogen wird.

Bevor Nietzsches originäre Lösung, mit der Erfahrung von Negativität umzugehen, in den Blick genommen wird, muss der Horizont noch erweitert werden, um die Reichweite dessen, was nun an menschlicher Selbstbestimmungsmöglichkeit nach dem Tod Gottes offen steht und als Möglichkeit nun aber auch mit aller Gewalt auf eine Entscheidung drängt, ermessen zu können. Denn das Ende der Theodizee hat die Erfahrung von Leid und Tod, aber auch die Erfahrung abgrundtiefer Bosheit nicht beseitigt. Ganz im Gegenteil. Zunächst einmal wird die Erfahrung ja verschärft.

Geistesgeschichtlich betrachtet, mündete deshalb der Prozess eines Endes der Theodizee durch den Tod Gottes zunächst nicht in die große Befreiung, sondern in das Problem der Anthropodizee: Wo es keinen Gott mehr gibt, den die menschliche Vernunft anzuklagen und dem sie im Gebet und in der Klage das Leid, die Vergeblichkeit und die zum Himmel schreiende Ungerechtigkeit entgegen zu trotzen vermag -, wo es einen solchen Gott nicht mehr gibt, von dem man sich ja auch, trotz der Anklage, noch Antworten erhofft, da fällt der Mensch einzig und allein auf sich selbst zurück: Gibt es eine Rechtfertigung der eigenen Existenz angesichts des Leids und der Ungerechtigkeit? Kann es eine Rechtfertigung für das eigene Glück gegen, wenn gleichzeitig andere leiden? Ihnen schuldlos Unglück widerfährt, während mir selbst unverdient das Glück zuspielt?

Die Anthropodizee, also die Rechtfertigung des Menschen durch den Menschen selbst, muss notwendig scheitern: praktisch und gemessen an den hohen moralischen Sollensansprüchen scheitern, die neuzeitlich zum philosophischen Scheitern der Theodizeefrage führten. „Ich, wenn ich allmächtig wäre, ich würde retten ...“, so Büchners Lenz im Anblick des Todes eines Kindes. Doch weil der Mensch Lenz nicht allmächtig ist, sondern in seinen Möglichkeiten begrenzt ist, er eben nicht aus dem Tod retten kann, ergibt sich Lenz in die Resignation, besiegt vom Zweifel an der Güte Gottes und der Endlichkeit und Begrenztheit des eigenen Könnens.

Die für den konkreten Vollzug des Menschseins dramatisch sich auswirkende Anthropodizeeproblematik hat sich literarisch auch im 20. Jahrhundert in eindringlichen Zeugnissen niedergeschlagen, bekanntlich besonders signifikant in *Die Pest* von *Albert Camus*. Häufig zitiert ist die Antwort des Arztes Rieux auf den angesichts des realen Leidens auch nur noch murmelnden Pater Paneloux, dass wir vielleicht etwas lieben sollen, „was wir nicht begreifen können", auch wenn die Erfahrung des Leidens „empörend" sei, und zwar deshalb empörend sei, „weil es unser Maß übersteigt": „Nein, Pater", so Rieux, „ich habe eine andere Vorstellung von der Liebe. Und ich werde mich bis in den Tod hinein weigern, die Schöpfung zu lieben, in der Kinder gemartert werden." Wenig beachtet aber wird gemeinhin die Reaktion des Paters auf diese Weigerung. „Ein bestürzter Schatten huschte über Paneloux' Gesicht. ‚Ach, Herr Doktor', sagte er traurig. ‚eben habe ich erfahren, was Gnade heißt.'"[10] Paneloux' Verständnis von Gnade ist kein Asyl für schwache Nerven. Vielmehr drückt es ein melancholisches, weil mit denjenigen, die nicht mehr glauben können, solidarisches Erstaunen darüber aus, selbst angesichts des Leids nicht zu verzweifeln, den Boden nicht entzogen zu bekommen.

Ob es auch angesichts des Leids der Endlichkeit und der Ungerechtigkeit noch redlich ist, an einen Gott der Liebe zu glauben, ist die vielleicht schwierigste theologische Frage überhaupt. Doch ist diese Frage zu komplex, als dass sie so nebenbei auch nur einigermaßen adäquat diskutiert, geschweige denn, wenn überhaupt, beantwortet werden könnte. Bedacht werden muss sie jedoch, soll der Glaube nicht am Ende widervernünftig und damit, vorausgesetzt, er spricht sich nicht selbst seine Ernsthaf-

---

[10] A. Camus, Die Pest, Reinbek bei Hamburg 1996 (franz. Orig. 1947), 177.

tigkeit ab, bedeutungslos werden.[11] Aufschlussreich hingegen, und nur hierauf soll hier das Augenmerk gelenkt werden, ist sowohl die Erzählung *Lenz* als auch *Die Pest* im Hinblick auf die Frage, was es für den Menschen bedeutet, sein Leben nicht mehr unter dem Verheißungsvermerk eines Gottes leben zu dürfen, für den die Vergeblichkeit des Tuns des Menschen, sein Scheitern und der Tod nicht das letzte Wort über den Menschen sind, sondern der sola gratia die Erfüllung auch noch der verschwiegensten Sehnsüchte und die Vollendung des Menschen will, der Gerechtigkeit will. In der Figur des Arztes Rieux hat Camus die vielleicht ehrlichste literarische Figur des 20. Jahrhunderts geschaffen: heroisch, um des anderen Menschen willen gegen den Tod ankämpfend und damit zugleich den Inbegriff möglichen Menschseins realisierend, und doch wissend, dass der Kampf am Ende vergeblich sein wird; in jedem Fall vergeblich sein wird, da das Leben selbst die Pest ist. Und dennoch: Der Arzt Rieux versucht zumindest, sich gegenüber dem, wenn am Ende auch übermächtigen Schicksal, gegen die Tödlichkeit des Lebens zur Wehr zu setzen. Sich einfach dem Schicksal zu ergeben, ist ihm verwehrt. Der flehentlichen Bitte um Hilfe, die ihm aus dem Antlitz der Leidenden entgegentritt, kann er sich nicht entziehen. Gar nicht einmal, weil er überzogenen heroischen und am

---

[11] Vgl. zur gegenwärtigen, extrem umfangreichen und ausdifferenzierten Diskussion der Theodizeeproblematik: M. Striet, Versuch über die Auflehnung, in: H. Wagner (Hg.), Mit Gott streiten. Neue Zugänge zum Theodizeeproblem (= QD; 169), Freiburg u.a. 1998, 48–89; Th. Pröpper / M. Striet, Art. Theodizee, in: LThK³ 9, 1396–1398 (Lit.!); Th. Pröpper, Fragende und Gefrage zugleich, K.-H. Menke, Der Gott, der jetzt schon Zukunft schenkt. Plädoyer für eine christologische Theodizee, in: H. Wagner (s.o.), 90–130; W. Oelmüller (Hg.), Worüber man nicht schweigen kann. Neue Diskussionen zur Theodizeefrage, München 1992; G. Neuhaus, Theodizee – Abbruch oder Anstoß des Glaubens, Freiburg/Basel/Wien 1993; A. Kreiner, Gott im Leid. Zur Stichhaltigkeit der Theodizeeargumente (= QD; 168), Freiburg u.a. 1997; J.-H. Tück, Christologie und Theodizee bei Johann Baptist Metz. Ambivalenz der Neuzeit im Licht der Gottesfrage, Paderborn u.a. 1999; H. Kessler, Gott und das Leid in seiner Schöpfung. Nachdenkliches zur Theodizeefrage, Würzburg 2000.

Ende völlig abstrakten Idealen anhängt, sondern weil er sich der konkreten Situation nicht entziehen kann und auch nicht will. Ein Leben ohne Gnade als letzter Akt humaner Selbstbehauptung.

Camus hat die Grundsituation des Menschen konsequent vor dem von Nietzsche erhellten Horizont des Todes Gottes reflektiert. „Empörender Tod. Die Geschichte der Menschen ist die Geschichte der Mythen, mit denen sie diese Wirklichkeit verdeckt haben. Seit zwei Jahrhunderten hat das Verschwinden der überlieferten Mythen eine Umwälzung bewirkt, weil der Tod hoffnungslos geworden ist. Und doch gibt es keine menschliche Wahrheit, wenn es nicht endlich zu einer Akzeptierung des Todes ohne Hoffnung kommt. Es ist die Akzeptierung der Grenze, ohne blinde Resignation, in einer Anspannung des ganzen Wesens, die sich mit dem Gleichgewicht deckt.“[12] Man sieht, in wie eng verzahnter Weise bestimmte, die Geistesgeschichte der Neuzeit prägende Motive wiederkehren. Nietzsche kommt in dieser Geschichte unübersehbar eine Schlüsselstellung zu: als Seismograph und Trennschwert zugleich. Wohl nicht von ungefähr lässt sich eine Beschäftigung Camus' mit dem Werk Nietzsches während seines gesamten Schaffens nachweisen. Schließlich ließ sich an Nietzsches Denken eine alternative Form der Verständigung des menschlichen Daseins über sich selbst studieren. Und zugleich zwingt Nietzsche in die Entscheidung darüber, was gelten soll.

Nietzsche als Hörer der Matthäuspassion gedacht. Hans Blumenbergs Deutung des Übermenschen

In seiner Interpretation der Matthäuspassion Bachs hat *Hans Blumenberg*, fasziniert und erschrocken zugleich von den menschlichen und theologischen Abgründen des Evangeliumsberichts und seiner Vertonung bei Bach, Nietzsche als Hörer der

[12] A. Camus, Tagebuch. März 1951 – Dezember 1959, Reinbek bei Hamburg 1991, 19.

Matthäuspassion fingiert. Wie hätte Nietzsche Jesu Verlassenheitsschrei am Kreuz gehört? *Eli, Eli, lama asabthani*? Mein Gott, mein Gott, warum hast Du mich verlassen? Überaus nachdenkenswert resümiert Blumenberg, dass, wenn er überhaupt etwas von Nietzsches Philosophie begriffen habe, „Erlebnisse, die in seiner Philosophie aufgegangen sind, überwiegend – wenn nicht ausschließlich – die Konstitution von ‚Ärgernissen'"[13] hatten. Nietzsches Ärgernis sei die gesamte Theologie vom leidenden Gottesknecht gewesen. Auch der Sinn von Nietzsches Philosophem des ‚Übermenschen' erhellt sich in der Interpretation Blumenbergs aus dieser, eben nicht mehr theologischen Hörweise der Matthäuspassion: „Wenn Jesu letztes Wort am Kreuz *Eli, Eli, lama asabthani* war, so ließ es sich hören als der Inbegriff dessen, was dem Menschen nicht mehr widerfahren darf und kann, sobald es ihm gelingt, die Niederungen seiner vorübermenschlichen Misere zu verlassen. Das Paradox dieses ursprünglichen Herrenwortes besteht doch darin, dass einer Gott als den seinen anruft und zugleich ihn als den Nicht-Seinen der Verlassenheit anklagt. Dieser Gott des Gekreuzigten ist es, den es nicht geben darf, wenn sich dem Menschen die Verlassenheit einer Passion nicht soll wiederholen können. Die Antinomie jenes Wortes verlangt ihre Lösung. Nietzsches Lösung ist der Übermensch."

Der Übermensch als der definitive Überwinder des alten, vom Gottesgedanken nicht lassen könnenden und sich deshalb notwendig in die Antinomie verstrickenden Menschen? Als Überwinder des alten Menschen, der sich aus dem Bezug zu einem Gott nicht lösen kann, auch wenn er ihn nur noch anklagen kann?

Es spricht vieles dafür, Nietzsches Idee des Übermenschen so zu interpretieren. Und damit spricht gleichzeitig vieles dafür, nicht nur das Philosophem vom Übermenschen, sondern seine gesamte Philosophie als strikte Anti-Theodizee zu interpretieren.[14] Letzteres jedoch nicht mehr auf der Linie der klassischen

[13] Hans Blumenberg, Matthäuspassion, Frankfurt/M. 1988, 69. Folgende Zitate ebd., 69f.

Theodizeediskussion, deren philosophischer Rettungsversuch Gottes schließlich aus verschiedensten Gründen scheiterte, sondern als konsequenter Versuch, sich des Problems zu entledigen. Wenn sich der Verlassenheitsschrei nicht wiederholen darf, dann darf es keinen Gott geben, dem dieser Schrei gelten soll. Ja radikaler noch: Wenn dieser Schrei, die Verlassenheit einer Passion sich nicht wiederholen darf, dann darf es nicht nur keinen Gott mehr geben, dem dieser Schrei gelten dürfte, sondern es darf dann überhaupt keine Passion mehr geben; jedenfalls darf es keine Passion mehr geben, die nicht immer schon gerechtfertigt wäre. Es müssen die Voraussetzungen beseitigt werden, die – auf der Linie Nietzsches gedacht – das menschliche Leben in die Falle der Theodizee tappen lassen.

Nietzsches Philosophie gestaltet sich denn auch in der Tat als konsequente Transformation der bisherigen Fragestellungen, „gegen alle philosophisch-moral'ischen' Kosmo- und Theodiceen, gegen alle Warum's und höchsten Werthe in der bisherigen Philosophie und Religionsphilosophie"[15]. Das Weltgeschehen muss in jedem seiner Momente gerechtfertigt erscheinen, auch in den Momenten des Leids.

Eine Randnotiz: Auch Blumenbergs Philosophie steht, ohne dass er die Aufgeregtheiten der Philosophie Nietzsches teilte, eindeutig in der Tradition Nietzsches. Blumenbergs Philosophie ist eine Philosophie der Endlichkeit, eine Philosophie des endlichen Menschen, der sich um der humanen Selbstbehauptung willen von einer jeden Idee des Absoluten, nachdrücklich auch von der Idee Gottes, befreien musste. Und sie ist, wie Nietzsches Philosophie, eine Philosophie nach dem Scheitern der Theodizee. Doch büßt der Tod, ja muss der Tod auch in Blumenbergs Philosophie seinen empörenden Charakter einbüßen. Nähme doch ansonsten der Tod die nun, nach dem Tod Gottes, vakant

[14] Vor dem hier skizzierten Hintergrund stellt sich Nietzsches Idee des Übermenschen nochmals in einem anderen Licht dar, als dies im ersten Text dieses Bändchens geschah. Die angemerkte Maßlosigkeit der dort zitierten Äußerungen soll mit diesem Hinweis aber nicht einfach entschärft werden.

[15] F. Nietzsche, NF Herbst 1887 11 [137], KSA 12, 533f.

gewordene Stelle des Absoluten ein. Der Tod ist die Bedingung menschlicher Freiheit. Der Mensch ist zeitlich befristetes Phänomen, Episode. Die Lebenszeit, auch und gerade angesichts der unendlichen Weltzeit, wird seine wichtigste und zugleich fragilste Ressource. Entlastung vom Absoluten wird zum Lebenspensum.[16]

Nietzsche. Auf alt-neuen Wegen nach dem Ende der Theodizee

Seit seinem Erstling *Die Geburt der Tragödie* hat Nietzsche denn auch konsequent versucht, nach dem geschichtlichen Ereignis des Todes Gottes sich des Problems der Theodizee zur Gänze zu entledigen, und zwar auch in ihrer zunächst unausweichlich wiederkehrenden Gestalt der Anthropodizee. Die Theodizeefrage war für ihn in jedem Fall erledigt, ad acta gelegt. Gott ist tot. Es war ihm deshalb hauptsächlich darum zu tun, das Problem der Anthropodizee in den Griff zu bekommen – ein Problem, das ihm in seinen vielen, das konkrete menschliche Leben prägenden Facetten sehr genau bewusst war: Ohne auch noch die Überwindung der Anthropodizee zu leisten, bliebe das menschliche Leben auf die Erfahrung der Negativität fixiert.

Camus', zumal in seinem Spätwerk ausgeprägter Begriff einer moralisch bestimmten Sisyphus-Existenz, auch noch angesichts der unvermeidlichen Niederlage gegen den Tod in dieser Existenzform die größte Möglichkeit menschlicher Selbstwahl zu erblicken, wäre ihm fremd, ja geradezu anstößig gewesen, hielt sie doch an der Idee einer moralischen Bestimmung des Menschen fest. Sieht man näher hin, so sind es unterschiedliche

---

[16] Vgl. ders., Lebenszeit und Weltzeit, Frankfurt/M. 1986. Zu Blumenberg vgl. die Rede anlässlich seines Todes von O. Marquard, Entlastung vom Absoluten. In memoriam Hans Blumenberg (1996), in: ders., Philosophie des Stattdessen. Studien, Stuttgart 2000, 108–120; zur Matthäuspassion Blumenbergs Th. Macho, Hermeneutik der Tränen. Notizen zu Hans Blumenbergs „Matthäuspassion“, in: Neue Rundschau 109 (1998) 61–77.

Strategien, die Nietzsche verfolgt hat.[17] Doch konvergieren seine Versuche in dem Punkt, dass sie allesamt dem Dilemma entgegenzutreten versuchen, vor das sich der Mensch gestellt sieht, nachdem das Christentum seine geschichts- und kulturbestimmende Kraft eingebüßt hat:

„Welche *Vortheile* bot die christliche Moral-Hypothese?
1) sie verlieh dem Menschen einen absoluten *Werth*, im Gegensatz zu seiner Kleinheit und Zufälligkeit im Strom des Werden und Vergehens
2) sie diente den Advokaten Gottes, insofern sie der Welt trotz Leid und Übel den Charakter der *Vollkommenheit* ließ, – eingerechnet jene ‚Freiheit' – das Übel erschien voller Sinn
3) sie setzt ein *Wissen* um absolute Werthe beim Menschen an und gab ihm somit gerade für das Wichtigste *adäquate Erkenntniß*

sie verhütete, daß der Mensch sich als Menschen verachtete, daß er gegen das Leben Partei nahm, daß er am Erkennen verzweifelte: sie war ein *Erhaltungsmittel*; – in Summa: Moral war das große *Gegenmittel* gegen den praktischen und theoretischen *Nihilismus*."[18]

Nietzsche erwähnt hier einige klassische Topoi aus dem Arsenal der theologischen und philosophischen Theodizeediskussion, dies aber bereits in der Perspektive, die der christlich-theologischen Moral nur noch einen hypothetischen, inzwischen aber obsolet gewordenen Wert zuerkennt, da nun die eigentliche Funktion der christlichen Moral (aber auch der neuzeitlichen, am Autonomieprinzip sich festmachenden Vorstellung von Moralität!) durchschaut ist: nämlich Mittel zum Zweck der Machtgewinnung durch das Ressentiment, des zum Schaffen neuer Werte nicht mehr fähigen Lebens gewesen zu sein. Weil das Res-

[17] Auch Nietzsches Versuch, das freie Ich seines illusorischen Charakters zu überführen, lässt sich als Anti-Theodizee, vielleicht sogar als deren radikalste und konsequenteste Form interpretieren. Vgl. hierzu meine Überlegungen: Nietzsches Anti-Theodizee – oder: Wie hielte ich's aus, ein Ich zu sein? (im Druck).

[18] NF Sommer 1886 – Herbst 1887 5 [71], KSA 12, 211.

sentiment, der der Dekadenz verfallene Menschentypus, keine neuen, eigenen Werte zu schaffen imstande ist, versteift es sich auf den absoluten Wert der Moral. Und nicht nur dies: Es versucht auch den neuer Wertschaffung noch fähigen Menschen diese Vorstellung vom Wert der Moral aufzuzwängen – und gewinnt gerade so Macht über die Starken.

Doch erahnt auch Nietzsches Logik sehr wohl den relativen Wert, den die christliche Moral für das Leben eine lange Zeit ausübte. Denn solange das Übel und das Leid als sinnvoll erschienen, solange das Übel und das Leid gerechtfertigt nicht zuletzt durch den größeren Wert der Freiheit des Menschen erschienen und im Zuge dessen auch der Druck der Theodizeeproblematik nicht zu stark werden konnte –, solange konnte das Leben sich nicht gegen sich selbst wenden, nicht sich seiner selbst überdrüssig werden. Von daher wirkte die christliche (aber auch die am Autonomieprinzip orientierte neuzeitliche) Moral, folgt man den kulturdiagnostischen Überlegungen Nietzsches, lange Zeit als Anästhetikum gegen den müden, sich selbst nur noch verachten könnenden Nihilismus. Gegen einen Nihilismus, der schließlich unausweichlich droht, solange der Wert des Lebens und damit des konkreten Daseins noch an finalen Zwecken bemessen wird; an Zwecken, an deren Verwirklichung aber niemand mehr glaubt, ja deren Wert selbst am Ende in Frage gestellt ist. Gott ist tot. Keine Erwartung eines Eschatons mehr, sondern leben im Bewusstsein der Nichtigkeit des Daseins: „ohne [...] Finale ins Nichts"[19]. Die Konsequenz: Es droht die Resignation. Der „letzte Mensch" betritt die Weltbühne.

Nietzsches Therapeutikum für dieses resignative, an sich selbst überdrüssig werdende nihilistische Leben ist strikt antichristlich und antineuzeitlich, sofern beide, das Christentum und die Neuzeit emphatisch am Subjektgedanken, an der Würde des Menschen, festhielten: Das „Werden" muss erklärt werden, „ohne zu [...] finalen Absichten Zuflucht zu nehmen", und das heißt gleichbedeutend, das Werden und der Mensch müssen so erklärt werden, dass der Gottesgedanke sich nicht noch einmal

[19] F. Nietzsche, NF Sommer 1886–Herbst 1887 5 [71], KSA 12, 213.

als notwendiger Abschlussgedanke der Vernunft aufzudrängen vermag. Der Mensch darf Gottes nicht mehr bedürfen dürfen; er darf nicht einmal der Leerstelle Gottes noch hinterher trauern dürfen. Statt dessen soll das Werden „gerechtfertigt erscheinen in jedem Augenblick"[20], ohne Abzug, und das heißt eben auch: ohne die Theodizee- oder die Anthropodizeefrage noch einmal stellen zu müssen. Die Begriffe von Leid und Übel müssen, zumindest als moralisch assoziierte Begriffe, aus dem Sprachschatz der Menschheit verschwinden, weil sie einem noch an moralischen und damit für Nietzsche lebensfeindlichen Werten orientierten Zeitalter entstammen. Nietzsches Anthropologie zielt auf eine Existenzform des Menschen, die von einer Einsicht in das Weltganze und damit in den Menschen bestimmt ist, „die zumindest vom Leiden am Leiden freimacht" – eine Einsicht, die das Leiden in seiner Notwendigkeit anerkennt und auf diese Weise ästhetisch rechtfertigt. Die Erfahrung von Negativität, des Tragischen, wird nun konsequent aus seinen moralischen Prämissen befreit. Das Ziel: „Der Mensch [...] genießt das Übel pur, cru, er findet das *sinnlose Übel* als das interessanteste. Hat er früher einen Gott nöthig gehabt, so entzückt ihn jetzt eine Welt-Unordnung ohne Gott, eine Welt des Zufalls, in der das Furchtbare, das Zweideutige, das Verführerische zum Wesen gehört."[21] Den Begriff, den Nietzsche für diese Daseinshaltung findet, lautet „*Pessimismus der Stärke*"[22].

Anregungen durch Schopenhauer

Nietzsches Idee einer ästhetischen Rechtfertigung der Welt kann nicht verstehbar gemacht werden ohne den Hinweis auf Schopenhauer, von dem Nietzsche in seinem Frühwerk abhängig ist

---

[20] F. Nietzsche, NF November 1887–März 1888 11 (72), KSA 13, 34. Dass diese Theorie des Werdens sich in der Tat ausdrücklich gegen jede Form Theodizee, aber auch von Kosmodizee wendet, belegt NF Herbst 1887 10 [137], KSA 12, 533.

[21] F. Nietzsche, NF Herbst 1887 10 [21], KSA 12, 467.

[22] Ebd.

und der, im Hinblick auf das Verständnis des Tragischen, einen wirklichen Einschnitt im bis dahin herrschenden philosophischen Denken darstellt.[23] Und doch wird Nietzsche sich konsequent von dem „Resignationismus“[24], den das Werk Schopenhauers durchzieht, abwenden, hin zu einem Heroismus der Stärke.

Bereits *Schopenhauer* dispensiert den Willen zumindest zunächst davon, sich moralisch verantworten zu müssen, und zwar deshalb, weil er die Möglichkeit von Selbstbestimmung des Willens durch eine als freiheitsursprünglich begriffene und dadurch ausgezeichnete Vernunft konsequent aufgibt. Rein an sich betrachtet ist der Wille „erkenntnißlos und nur ein blinder, unaufhaltsamer Drang“[25], reine Triebhaftigkeit. Zu „seinem Dienst“, also zum Dienst dieses als reine Triebhaftigkeit bestimmten Willens, wurde „durch die Welt der Vorstellung“ „die Erkenntniß von seinem Wollen und von dem was es sei, das er will, daß es nämlich nichts anderes sei, als diese Welt, das Leben, gerade so wie es dasteht“, entwickelt.[26] Folglich ist die „erscheinende Welt“ nichts anderes als der „Spiegel“ dieses Willens, „seine Objektivität: und da was der Wille will immer das Leben ist“, ist der Wille der Wille zum Leben.[27] Schopenhauer ersetzt den christlichen Schöpfergott, so wie ihn die christliche Theologie mittels des philosophischen Grenzgedankens des grundlosen und seiner selbst mächtigen Grundes begriffen hat, durch den grundlosen Willen, das unbedingte Prinzip der Natur. Und auch der Mensch ist nichts anderes als Moment dieses einen Willens; eines Willens, der erfahren wird in den menschlichen Triebregungen.

---

[23] Vgl. zum folgenden F. Fellmann, Die erotische Rechtfertigung der Welt. Aspekte der Lebensphilosophie um 1900, in: W. Braungart/G. Fuchs/M. Koch, Ästhetische und religiöse Erfahrungen der Jahrhundertwenden. II: um 1900, Paderborn u. a. 1998, 36–42.

[24] F. Nietzsche, Die Geburt der Tragödie. Versuch einer Selbstkritik, KSA 1, 20.

[25] A. Schopenhauer, Die Welt als Wille und Vorstellung, WW; 1–2, Zürich 1988, hier 1,361.

[26] Ebd.

[27] Ebd., 362.

Seine Willenslehre musste Schopenhauer zwangsläufig auch zu einer Neufassung des Weltbegriffs führen. Die Gegenwart generiert bei Schopenhauer nun zur einzig relevanten Zeitform; sie ist „die einzige Form des wirklichen Lebens", sofern sie die Objektivation des Willens *ist*. Die Vorstellung einer linearen Zeit ist zwar unausweichlich, weil der Mensch gar nicht anders kann, als sich die einzelnen Ereignisse auf einer Zeitachse zu vergegenwärtigen. Und dennoch sind diese Ereignisse nur eines: Selbstvergegenwärtigungen des Lebenswillens. Die Welt als Wille ist ewig, die zeitliche Welt der Vorstellungen hingegen ist bloßer Schein – ein Schein, der leiden macht, solange der Mensch noch keine Einsicht gewonnen hat in den bloßen Scheincharakter dieser Vorstellungen. In Wahrheit aber ist die Gegenwart die wesentliche Form der Objektivation des Willens; Gegenwart als Zeitform, „welche als ausdehnungsloser Punkt die nach beiden Seiten unendliche Zeit schneidet und unverrückbar fest steht, gleich einem immerwährenden Mittag, ohne kühlenden Abend, wie die wirkliche Sonne ohne Unterlaß brennt, während sie nur scheinbar in den Schooß der Nacht sinkt: daher, wenn ein Mensch den Tod als Vernichtung fürchtet, es nicht anders ist, als wenn man dächte, die Sonne könne am Abend klagen: ‚Wehe mir! Ich gehe unter in ewige Nacht.'"[28] Und nochmals Schopenhauer: „Die Erde wälzt sich vom Tage in die Nacht; das Individuum stirbt: aber die Sonne selbst brennt ohne Unterlaß ewigen Mittag. Dem Willen zum Leben ist das Leben gewiß: die Form des Lebens ist Gegenwart ohne Ende; gleichviel wie die Individuen, Erscheinungen der Idee, in der Zeit entstehen und vergehen, flüchtigen Träumen zu vergleichen."[29] Schopenhauer zieht damit die Differenz zwischen Subjekt und Objekt ein. Alle Erscheinungen, auch die des Menschen, sind Individuationen des einen Willens zum Leben, „ein Streben ohne Ziel und ohne Ende"[30]. Und in der spezifischen Erscheinungsform Mensch vergegenwärtigt sich dieser Wille in

[28] Ebd., 368.
[29] Ebd., 369.
[30] Ebd., 418.

besonderer Form, indem er sich selbst zur um sich selbst wissenden Gegenwart bringt. Doch ist dies auch die einzige Differenz, die den Menschen aus der Gesamtheit der Welt der Erscheinungen heraushebt.

Schopenhauer hat die Realität des Leidens keineswegs leugnen wollen, ganz im Gegenteil: Was das „Leben des einzelnen" betrifft[31], so ist jede Lebensgeschichte eine Leidensgeschichte". „[V]ielleicht wird nie ein Mensch am Ende seines Lebens, wenn er besonnen und zugleich aufrichtig ist, wünschen, es nochmals durchzumachen, sondern, eher als das viel lieber gänzliches Nichtseyn wählen."[32] Damit hält Schopenhauer konsequent an der empirisch nun einmal nicht bezweifelbaren Tatsache fest, dass gelitten wurde, wird und auch künftig gelitten wird: „die nie erfüllten Wünsche, das vereitelte Streben, die vom Schicksal unbarmherzig zertretenen Hoffnungen, die unsäligen Irrthümer des ganzen Lebens, mit dem steigenden Leiden und Tode am Schlusse, geben immer ein Trauerspiel"[33]. Doch ist die Möglichkeit einer Theodizee – und sei diese auch nur noch in der Form gegenwärtig, dass sie für die Zukunft erhofft wird und bis dahin noch die Möglichkeit bleibt, Gott das Leid zu klagen – bereits weggebrochen, der Willensmetaphysik Schopenhauers zum Opfer gefallen. Die Vorstellung eines von Welt und Mensch unterschiedenen Gottes hat in dieser Willensmetaphysik keinen Platz mehr, weil ja einzig der Wille als der ewige, anfanglose Trieb zum Leben das ist, was ist, und die Objektivationen in Form von Erscheinungen aus sich heraustreibt. Die Rechtfertigung des Leidens wird nur noch weltimmanent betrieben, und sie gelingt nur in den Augenblicken, wo die Einsicht vollzogen wird, dass der Wille zum Leben die einzige Wirklichkeit ist – und nichts außerdem. Folglich entfällt natürlich auch die Vorstellung eines jenseitigen Gerichtes; eines jüngsten Gerichtes durch einen Gott am Ende der Zeiten, in dem er Versöhnung (auch mit dem Leid der Endlichkeit) und Gerechtigkeit schafft. Schopenhauer schickt

---

31 Ebd., 422.

32 Ebd.

33 Ebd., 419.

in seiner Willensmetaphysik Gott in den letzten Schlupfwinkel, der ihm, so zumindest der bereits zitierte *Bloch*, eigentlich bereits nach Hiobs harten Fragen einzig noch blieb: den der Nicht-Existenz. Bereits Schopenhauer erfüllt somit Nietzsches Forderung eines Weltbegriffs, der ohne finale Absichten auskommt.

Entsprechend begreift Schopenhauer nun „die Welt selbst" als „das Weltgericht"[34], und zwar, im Hinblick auf seinen Grundansatz, absolut konsequent. Denn wenn er monistisch alle Erscheinungen in der Welt als die Objektivität des einen Willens begreift, dann folgt daraus, dass in allem, was dem Menschen „widerfährt", „ihm immer Recht geschieht", weil ihm „ja nur widerfahren kann", was dieser Wille ist, weil der Mensch nichts anderes als dieser Lebenstrieb ist.[35] Alles, was geschieht, ist auch gerecht, nur weil es geschieht, und zwar deshalb, weil nichts anderes als der Wille zum Leben, der ja alles ist, sich in Form von Erscheinungen selbst gegenwärtigt. Dem philosophischen, „kontemplativen Geist wird klar, daß überall in der Welt der Wille zum Leben herrscht und daß der Mensch, allein dadurch, daß er lebt, für das Elend und Unrecht, vor dem ihm schaudert und das er beklagt, als Triebwesen selbst verantwortlich ist. Das trifft auch für die nach irdischen Maßstäben Unschuldigen zu, da die Schuld im Willen zum Leben angelegt ist."[36] Nulla gratia. Statt dessen: Der praktische Entwurf einer Mitleidsethik, deren Kern darin besteht, dass der Wille sich gegen sich selbst wendet, darauf zielt, seine Triebhaftigkeit aufzuheben, um so den anderen Individuen Raum zu lassen. Allerdings scheitert der Mensch in diesem Versuch notwendig, so dass der Pessimismus als die einzig noch mögliche Lebensmaxime verbleibt.

---

[34] Ebd., 456.
[35] Ebd., 455.
[36] F. Fellmann, Aspekte der Lebensphilosophie um 1900, 38.

Nietzsches ästhetische Rechtfertigung der Welt. Der programmatische Beginn des Frühwerks

Vor dem Hintergrund dieser Willensmetaphysik entwickelt Nietzsche in seiner Schrift *Die Geburt der Tragödie* seine Idee einer ästhetischen Rechtfertigung der Welt, die im Gedanken vom amor fati, der Liebe zum Schicksal ohne Wenn und Aber einmündet. Dabei fließen antike Motive in seine Gedankenwelt ein. Nietzsches ästhetische Rechtfertigung der Welt ist eine strenge Form einer weltimmanenten Theodizee. Bereits in dieser frühen Schrift, erst recht aber in seinen späteren Äußerungen zum Thema beseitigt Nietzsche die Vorstellung, dass dem menschlichen Dasein Zwecke vorgesetzt sind oder der Mensch nach eigenen, selbstgesetzten Zwecken zu handeln habe, und sei es auch nur in Form der Mitleidsethik Schopenhauers. Die „durch einen Gott verbürgte uneingeschränkte Sinnerfülltheit der Welt, in die der Mensch eingebettet ist, ersetzt Nietzsche durch die ebenso uneingeschränkte Sinnlosigkeit der Welt, in die der Mensch eingefügt sei“[37]. Argumentationsstrategisch kann Nietzsche dieses Ziel nur erreichen, indem er konsequent einen Sinnbegriff ausscheidet, wie ihn *Bloch, Büchner* und *Camus* in ihren theodizeekritischen Reflexionen ansetzten; einen Sinnbegriff verabschiedet, der davon ausgeht, dass dem menschlichen Leben ein unbedingter Wert zukommt, und dass das Leiden, die Ungerechtigkeit und der Tod nicht das letzte Wort über den Menschen sein sollen, ja selbst dann das Nicht-sein-Sollende darstellen, wenn auf eine reale Erfüllung dieses sich als Ausdruck einer unbedingten ethischen Verpflichtung des Menschen darstellenden Sinnbegriffs nicht mehr gehofft wird. Und für Nietzsche muss dieser Sinnbegriff verabschiedet werden. Und zwar deshalb, weil „der Ekel des Absurden“ das Leben aushöhlt, ihm seine Dynamik, sein Wollen nimmt. „Jetzt verfängt kein Trost mehr, die Sehnsucht geht über eine Welt nach dem

[37] B. Himmelmann, Freiheit und Selbstbestimmung. Zu Nietzsches Philosophie der Subjektivität (Alber-Reihe Praktische Philosophie 50), Freiburg/München 1996, 321.

Tode, über die Götter selbst hinaus, das Dasein, wird, sammt seiner gleissenden Wiederspiegelung in den Göttern oder in einem unsterblichen Jenseits, verneint. In der Bewusstheit der einmal geschauten Wahrheit sieht jetzt der Mensch überall nur das Entsetzliche oder Absurde des Seins [...]: es ekelt ihn."[38] Soll das menschliche Leben nicht in der Resignation versinken, soll das Leben nicht erstarren, so muss – so die Grundthese der *Geburt der Tragödie* – die von Nietzsche überhaupt nicht bestrittene Erfahrung von Negativität, von Leiden, Tod und Bosheit, in ein neues Licht gestellt werden. Nur als „ästhetisches Phänomen" könnten „das Dasein und die Welt" auf „ewig gerechtfertigt" werden[39]; die Welt als Ganzes, also ohne Abzug, und auf ewig, also ohne noch eine Hoffnung auf ein anderes als dieses Leben. Geleistet werden kann diese Rechtfertigung der Welt einzig und allein noch durch die Kunst, „die große Ermöglicherin des Lebens, die große Verführerin zum Leben, das große Stimulans zum Leben"[40]. Allein die Kunst könne durch das Erhabene „als die künstlerische Bändigung des Entsetzlichen" und das Komische „als die künstlerische Entladung vom Ekel des Absurden" „jene Ekelgedanken über das Entsetzliche oder Absurde des Daseins in Vorstellungen umbiegen, mit denen sich leben lässt"[41].

Allerdings: Es ist die Kunst, nicht der Künstler, der die Welt als Ganze rechtfertigt. Der Künstler – und auch in diesem Punkt ist *Sloterdijks* Attitüde, mehr mediales Echo als Prophet zu sein, nietzscheanisch durchdrungen – ist viel mehr Ereignis als Akteur; Ereignis von Prozessen, die er selbst nicht ist und derer er nicht habhaft werden kann, die er nicht wirklich beeinflussen kann. „Insofern [...] das Subject Künstler ist, ist es [...] gleichsam Medium geworden, durch das hindurch das eine wahrhaft seiende Subject seine Erlösung im Scheine feiert. Denn dies muss und vor allem, zu unserer Erniedrigung und Erhöhung, deutlich sein, dass die ganze Kunstkomödie durchaus nicht für uns, etwa

---

[38] F. Nietzsche, Die Geburt der Tragödie, KSA 1, 57.
[39] Ebd.
[40] F. Nietzsche, NF November 1187–März 1888 11 [415], KSA 13, 194.
[41] F. Nietzsche, Die Geburt der Tragödie, KSA 1, 57.

unserer Besserung und Bildung wegen, aufgeführt wird, ja dass wir ebenso wenig die eigentlichen Schöpfer jener Kunstwelt sind: wohl aber dürfen wir von uns selbst annehmen, dass wir für den wahren Schöpfer derselben schon Bilder und künstlerische Projektionen sind und in der Bedeutung von Kunstwerken unsere höchste Würde haben [...] Somit ist unser ganzes Kunstwissen im Grunde ein völlig illusorisches, weil wir als Wissende mit jenem Wissen nicht eins und identisch sind, das sich, als einziger Schöpfer und Zuschauer jener Kunstkomödie, einen ewigen Genuss bereitet."[42]

Nicht ist der Mensch Zweck an sich selbst und kommt ihm aufgrund dieser Selbstzwecklichkeit eine unbedingte Würde zu. In *Die Geburt der Tragödie* haben wir „unsre höchste Würde" „in der Bedeutung von Kunstwerken" darin, „dass wir für den wahren Schöpfer" der Kunstwelt „schon Bilder und künstlerische Projektionen sind".[43] Die Funktion des Menschen in diesem Spiel besteht darin, Nachahmer der rauschhaft-dionysischen und formgebend-appolinischen Mächte der Welt zu sein.[44] Als „aesthetisches Phänomen", und nur als ein solches, „ist das Dasein und die Welt ewig gerechtfertigt", obgleich „unser Bewusstsein über diese unsre Bedeutung kaum ein anderes ist als es die auf Leinwand gemalten Krieger von der auf ihr dargestellten Schlacht haben"[45]. Das Bewusstsein des Menschen also als nur nachgeordnetes, vor allem aber belangloses. Das Bewusstsein des Schmerzes und des Leids bedeutungslos angesichts des sich hinter diesem Bewusstsein abspielenden Geschehens. Und doch hält sich dieses Geschehen von rauschhaft-formhaften Zuständen im Bewusstein des Menschen seinen ästhetisch verklärenden Spiegel vor. So wie bereits bei den Griechen und deren Götterwelt nachdrücklich zu studieren: „Derselbe Trieb, der die Kunst in's Leben ruft, als die zum Weiterleben verführende Ergänzung und Vollendung des Daseins, liess auch die olympische

[42] Ebd., 47.
[43] Ebd.
[44] Vgl. ebd., 30.
[45] Ebd., 36.

Welt entstehn, in der sich der hellenistische ‚Wille' einen verklärenden Spiegel vorhielt. So rechtfertigen die Götter das Menschenleben, indem sie es selbst leben – die allein genügende Theodicee!"[46]

Die hier, in *Die Geburt der Tragödie* dargebotene ‚Theodicee' ist vorschnell entschärft, wenn man nicht ihre „antichristliche" und damit für Nietzsche zugleich „[g]egen die Moral" – sind doch Christentum und Moral schließlich für ihn geradezu Äquivalente – gerichtete Stoßrichtung beachtet. Auf seinen Erstling rückblickend, hat Nietzsche dies im Jahre 1886 noch einmal ausdrücklich betont.[47] Von „Anfang an" sei das Christentum „wesentlich und gründlich, Ekel und Ueberdruss des Lebens am Leben" gewesen, „welches sich unter dem Glauben an ein ‚anderes' oder ‚besseres' Leben nur verkleidete, nur versteckte, nur aufputzte": „ein Jenseits, erfunden, um das Diesseits besser zu verleumden, im Grunde ein Verlangen in's Nichts, an's Ende, in's Ausruhn, hin zum ‚Sabbat der Sabbate'".[48] Zu der „rein „ästhetischen Weltauslegung und Welt-Rechtfertigung", wie es in *Die Geburt der Tragödie* gelehrt werde, gebe es deshalb auch „keinen grösseren Gegensatz als die christliche Lehre".[49] Wohl wahr. Zwar lässt sich darüber streiten, ob das Christentum primär Moral ist. Nietzsche hat es, in der Gestalt des protestantischen Pfarrhauses und der liberalen Theologie, jedenfalls als ein solches wahrgenommen. Allemal Recht zu geben ist Nietzsche aber darin, dass das Programm einer ästhetischen Rechtfertigung der Welt nur akzeptabel ist, wenn zuvor mit der Moral gebrochen wird.

---

[46] Ebd., 47.
[47] Vgl. ebd., 19.
[48] Ebd., 18.
[49] Ebd.

Amor fati und Ego fatum. Der Übermensch und die Ewige Wiederkunft des Gleichen

Ob Nietzsches Gedankenwelt Entwicklungen aufweist, ob in seiner Philosophie die Kontinuitäten oder Diskontinuitäten überwiegen, ist eine alte Frage der Nietzsche-Interpretation. Klar ist jedenfalls: Diese Idee, dass der gesamte Weltprozess als Kunstkomödie zu verstehen sei und dass der Mensch seine ‚Erlösung' finde, wenn er sich als Moment dieses absichts- und ziellosen Geschehens begreife, hat Nietzsche nie aufgegeben. Konsequent wendet sich Nietzsche gegen die jüdisch-christliche Zeitvorstellung, die von einem Gott gesetzten Anfang ausgeht und mit einem durch Gott gesetzten Ende rechnet. Statt dessen ruft er antike Traditionen in Erinnerung; Traditionen, die mit einem ständigen Werden und Vergehen rechen, ohne Anfang und ohne Ende. So die Tradition *Heraklits*. „Der Aion ist ein spielendes Kind, Brettsteine schiebend, Königsherrschaft eines Kindes" (Frag. 52). Der Akzent in diesem Fragment wird auf das Spielen gelegt; ein Spielen aber, das absichtslos ist. Nicht jedoch darf der Begriff der Königsherrschaft im Sinne der christlichen, in der Gegenwart bereits angebrochenen und für die Zukunft endgültig erhofften *basileia tou theou*, der Königsherrschaft Gottes, verstanden werden, in der Gerechtigkeit und Frieden herrschen, wo die „Tränen abgewischt" sein werden. Bereits Heraklits Denken ist ein Denken jenseits von Gut und Böse, zumindest jenseits menschlicher Vorstellungen von Gut und Böse. „Für Gott", so Heraklit, „ist alles schön und gut und gerecht; [nur] die Menschen halten das eine für ungerecht, das andere für gerecht" (Frag. 102). Heraklits Weltdeutung folgt der Gesetzlichkeit oder besser: der Nichtgesetzlichkeit des Fatums. Alles erfolgt nach dem Verhängnis, und dies mit einer absoluten Notwendigkeit. Und in der Überlieferung des *Diogenes Laertius* hat Heraklit den Wechsel allen Geschehens bereits als ewigen, als ewig wiederkehrenden aufgefasst: „Alles Geschehen erfolge in Form des Gegensatzes und alle Dinge seien in stetem Wandel begriffen ... und die Welt entstehe aus dem Feuer und löse sich wieder in Feuer auf, in bestimmte Perioden, in stetigem Wechsel in alle

Ewigkeit. Das aber geschehe nach dem Verhängnis."[50] Damit sind das, was in der Welt erscheint und begegnet, verschiedene Seinsweisen ein und desselben Geschehens. Werden Gegensätze als wirkliche Gegensätze aufgefasst, so ist dies noch nicht durchschaut; wirkliche Gegensätze gibt es nicht.

Um dieses ewig sich gebärende Schauspiel, welches nach Heraklit die Welt bestimmt, würdigen zu können, brauchte es nach Nietzsche „göttlicher Zuschauer"[51]; Zuschauer, die sich nicht aufgrund moralischer Werte von der Faszination dieses Schauspiels ablenken lassen.

Ist aber der Übermensch ein solcher göttlicher Zuschauer? Klar ist jedenfalls, dass Nietzsche zum einen den Begriff des Übermenschen auf der Linie dieser antiken Tradition begreift; und klar ist zum anderen, dass Nietzsches Verwendung dieses Begriffs sich strikt antichristlich vollzieht. Ob Nietzsche den Ursprung des Begriffs gekannt ist, ist nur schwerlich zu entscheiden. Ursprünglich jedenfalls begegnet er bereits im 16. Jahrhundert, und zwar im Kontext einer lutherisch geprägten theologiae prosa. Und gerade an seiner ursprünglichen Bedeutung lässt sich ermessen, welche radikale Neuorientierung in der Bestimmung des Humanen Nietzsche vornimmt. Denn es war in der lutherisch geprägten Theologie das von Gott geschenkte, ohne jede Vorleistung von ihm geschenkte neue Leben, das den Menschen, den alten Menschen, zum Übermenschen, zum neuen und wahren Menschen, erhob.[52] Sola gratia.

Nietzsches Philosophie indessen ist das Gegenteil eines sola gratia: Nichts, aber auch gar nichts war ihm so fremd geworden als das, dass es der christliche Gott sein würde, auf den sich die Sehnsucht des Menschen noch richten könnte. Nietzsches Anknüpfungspunkt für seine – der Begriff sei zur Illustrierung des Gegensatzes erlaubt – säkulare Soteriologie sind die antiken, vorchristlichen Traditionen. Nun geht es darum, dem Erschrecken vor dem Unausweichlichen, dem Leid und dem Tod

[50] Zit. nach W. Capelle, Die Vorsokratiker, 140.

[51] F. Nietzsche, Die Genealogie der Moral, KSA 5, 323.

[52] Vgl. den Artikel ‚Übermensch', in: Deutsches Wörterbuch von Jacob und Wilhelm Grimm, Bd. 23, 417.

ein Ende zu setzen; diesem ein Ende in dem Sinn zu setzen, dass es keine Empörung gegen deren Wirklichkeit mehr geben darf. Denn solange es die Empörung gibt, ist das Leben nicht versöhnt mit sich selbst. Und es endet dann notwendig im Nihilismus, da für Nietzsche zugleich ausgemacht ist, dass es kein Zurück zu einem Glauben an Gott mehr geben wird, auf den sich die Sehnsucht des Menschen nach Sinn ausrichten könnte. Für Nietzsche war es ja gerade die vom Christentum in subtilster Weise betriebene Verpflichtung des Menschen auf das Gewissen, auf den Grundsatz der Wahrhaftigkeit, gewesen, die dem Menschen am Ende sich die Lüge Gottes verbieten ließ. Und die rekonstruierte Logik der Theodizee-Reflexion in der Geschichte der Neuzeit scheint Nietzsches These zu stützen, dass es in der Tat die vom Christentum selbst betriebene Verpflichtung auf das Prinzip der Wahrhaftigkeit war, das den Glauben schließlich immer mehr in Frage stellte. Doch waren es, und in diesem Punkt folgt diese Logik der Theodizee-Reflexion Nietzsches nicht, eben moralische Maßstäbe, die den Glauben an Gott in einer unendlichen Zahl von Biographien faktisch zusammenbrechen ließen.

Es darf bezweifelt werden, ob Nietzsche das Drama der Theodizee für den konkreten Lebensvollzug richtig eingeschätzt hat. Der zweitausendjährigen Zucht zur Wahrheit verpflichtet, als deren Zögling auch Nietzsche sich durchaus noch sieht, versucht er mit dem Lehrstück von der ewigen Wiederkehr des Gleichen, nach dem Ende der Theodizee – Gott ist tot – nun auch noch mit dem Problem der Anthropodizee aufzuräumen. „Eine solche Experimental-Philosophie, wie ich sie lebe, nimmt versuchsweise selbst die Möglichkeiten des grundsätzlichen Nihilismus vorweg: ohne daß damit gesagt wäre, daß sie bei einem Nein, bei einer Negation, bei einem Willen zum Nein stehen bliebe. Sie will vielmehr bis zum Umgekehrten hindurch – bis zu einem *dionysischen Jasagen* zur Welt, wie sie ist, ohne Abzug, Ausnahme und Auswahl – sie will den ewigen Kreislauf, – dieselben Dinge, dieselbe Logik und Unlogik der Knoten. Höchster Zustand, den ein Philosoph erreichen kann: dionysisch zum Dasein stehn –: meine Formel dafür ist amor fati ...“[53] Und genau dies, dieses unbedingte Ja zu allem sprechen zu können, bezeichnet für Nietzsche die Größe am Menschen: „Meine Formel für die Grösse am Menschen ist amor fati: dass man Nichts anders haben will, vorwärts nicht, rückwärts nicht, in alle Ewigkeit nicht. Das Nothwendige nicht bloß ertragen, noch weniger verhehlen – aller Idealismus ist Verlogenheit vor dem Nothwendigen –, sondern es lieben ...“[54]

Die Radikalität, mit der Nietzsche hier mit jeder Zeitvorstellung bricht, die von der Zukunft noch etwas erwartet, sich die Erfüllung von etwas bisher noch nicht Verwirklichtem erhofft, darf nicht unterschlagen werden. Angezielt ist in der Idee der ewigen Wiederkehr des Gleichen ein Zustand, in dem unterschiedslos alles so bejaht wird, als ob es ewig wiederkehren würde; unterschiedslos, ohne Abzug, Ausnahme und Auswahl. Nietzsche hat völlig zu Recht betont, dass, um „den Gedanken der Wiederkunft [...] *ertragen*“ zu können, „Freiheit von der Moral“ nötig sei.[55] Und in der Tat: Wenn wirklich alles mit dieser Unbedingtheit bejaht werden soll, dann gilt dies für jedes geschichtliche Ereignis, also auch noch für die geschichtlichen Ereignisse, angesichts derer das moralische Bewusstsein eingedenk seiner eigenen Hilflosigkeit nur noch sprachlos verstummen kann. Denn keine menschliche Erinnerung vermag die Toten zu neuem Leben zu wecken, vermag Gerechtigkeit für die Erniedrigten und Erschlagenen zu gewähren. Und wenn Nietzsches Aufforderung zur unbedingten Bejahung gilt, dann gilt dies auch für die Leiden, die mit der Endlichkeit des Menschen zu tun haben: Krankheit und Tod. *Büchner* und *Camus* war die Möglichkeit einer solchen Zustimmung verwehrt; ihnen blieb, weil sie von der Moralität nicht lassen wollten, nur die Empörung, am Ende vielleicht auch nur noch die Trauer um die Absurdität menschlichen Daseins. Dass man den Gedanken von der ewigen Wiederkehr des Gleichen nur ertragen könne, und in der Tat auch nur ertragen kann, wenn man sich zuvor von moralischen Vorstellungen befreit, hat Nietzsche von daher völ-

---

[53] F. Nietzsche, NF Frühjahr–Sommer 1888 NF 16 [32], KSA 13, 492.
[54] F. Nietzsche, Ecce homo, KSA 6, 297.
[55] F. Nietzsche, NF Sommer-Herbst 1884, KSA 12, 224.

lig zu Recht betont. Ohne dass diese Voraussetzung erfüllt wäre, ließe sich der Gedanke der ewigen Wiederkehr wohl kaum ertragen. Wohl nicht von ungefähr hat Nietzsche den Gedanken von der ewigen Wiederkehr, Zarathustras Gedanken, auch den „abgründlichen“[56] genannt.

Wie begründet Nietzsche die Idee der Wiederkunftslehre? Auffällig ist, dass im Zarathustra – in einem Gespräch zwischen ihm und dem Zwerg – die entscheidende Begründungsfigur in Form einer (rhetorischen?) Frage erfolgt.

„Siehe diesen Thorweg!“, spricht Zarathustra zum Zwerg: „der hat zwei Gesichter. Zwei Wege kommen hier zusammen, die gieng noch Niemand zu Ende.

Diese lange Gasse zurück: die währt eine Ewigkeit. Und jene lange Gasse hinaus – das ist eine andre Ewigkeit.

Sie widersprechen sich, diese Wege; sie stossen sich gerade vor den Kopf: – und hier, an diesem Thorwege, ist es, wo sie zusammen kommen. Der Name des Thorwegs steht oben geschrieben: ‚Augenblick‘.

Aber wer Einen von ihnen weiter gienge – und immer weiter und immer ferner: glaubst du Zwerg, dass diese Wege sich ewig widersprechen?‘ –

‚Alles Gerade lügt, murmelte verächtlich der Zwerg. Alle Wahrheit ist krumm, die Zeit selber ist ein Kreis.‘

‚Du Geist der Schwere!‘, sprach ich zürnend, mache dir es nicht zu leicht! [...]

Siehe [...] diesen Augenblick! Von diesem Thorwege Augenblick läuft eine lange ewige Gasse *rückwärts*: hinter uns liegt eine Ewigkeit.

Muss nicht, was laufen *kann* von allen Dingen, schon einmal diese Gasse gelaufen sein? Muss nicht, was geschehen *kann* von allen Dingen, schon einmal geschehn, gethan, vorübergelaufen sein?

Und wenn Alles schon dagewesen ist: was hältst du Zwerg von diesem Augenblick? Muss auch dieser Thorweg nicht schon – dagewesen sein?

---

[56] F. Nietzsche, Also sprach Zarathustra, KSA 4, 199.

Und sind nicht solchermaassen fest alle Dinge verknotet, dass dieser Augenblick *alle* kommenden Dinge nach sich zieht? *Also* – – sich selber noch?

Denn, was laufen *kann* von allen Dingen: auch in dieser langen Gasse *hinaus* – *muss* es einmal noch laufen! –

Und diese langsame Spinne, die im Mondscheine kriecht, und dieser Mondschein selber, und ich und du im Thorwege, zusammen flüsternd, von ewigen Dingen flüsternd – müssen wir nicht Alle schon dagewesen sein?

– und wiederkommen und in jener anderen Gasse laufen, hinaus, vor uns, in dieser langen schaurigen Gasse – müssen wir nicht ewig wiederkommen? –“[57]

Warum Zarathustra den Gedanken von der ewigen Wiederkehr des Gleichen für „abgründlich“ hält, wird deutlich, wenn man sich klar macht, dass die konsequente Verzeitlichung des Augenblicks, wie Nietzsche sie hier vornimmt, für das gegenwärtige Selbstverhältnis des Menschen in der Tat einen Abgrund bedeutet. Zunächst einmal gilt: Wenn das Vergangene immer wieder kommt und alles Zukünftige bereits einmal da gewesen ist, zugleich die Möglichkeit, dass überhaupt etwas da sein kann, darin festgemacht wird, dass es bereits gewesen ist, dann ist auch der gegenwärtige Augenblick bereits unendliche Male gewesen und wird noch unendliche Male wiederkehren. Der Augenblick verliert so seine Bedeutung als Trennungsmarke, als Zäsur zwischen Vergangenheit und Zukunft. Die Gegenwart war immer schon und ist immer schon; dass wir die Gegenwart nur als einmalig vorstellen können, hängt mit der Begrenztheit des menschlichen Vorstellungsvermögens zusammen, damit, dass der menschlichen Zeitvorstellung das Moment der Linearität eignet. „Der Einzelne ist ein Stück fatum, von Vorne und von Hinten, ein Gesetz mehr, eine Nothwendigkeit mehr für Alles, was kommt und sein wird. Zu ihm sagen ‚ändere dich‘ heisst verlangen, das Alles sich ändert, sogar rückwärts noch … Und wirklich, es gab consequente Moralisten, sie wollten den Men-

[57] Ebd., 199f.

schen anderes, nämlich tugendhaft, sie wollten ihn nach ihrem Bilde ...“[58] – und sie wollten deshalb Zeit als Lineare!

In Nietzsches Wiederkunftslehre geht die Zeit streng genommen verloren, weil die verabsolutierte Zeit der Wiederkunftslehre Zeit, in der etwas, etwas Neues geschehen könnte, aufsaugt. Erlösung von der Bedrängnis der Zeit, Erlösung von den Ereignissen, die in der Geschichte statthatten, kennt diese Zeitvorstellung nicht. Von daher kann es nicht wundern, wenn es Zarathustra zunächst vor seinen „eignen Gedanken und Hintergedanken“ schaudert – bis er die Vision eines anderen, neuen Menschen hat: „ein Verwandelter, ein Umleuchteter, welcher lachte!“[59] Das Leiden an der Zeit verstummt. Zarathustras Sehnsucht ist dieser Mensch, dieses Lachen. Die Sehnsucht nach dem Menschen, dessen Erlösung von der Zeit sich in einem Lachen äußert; wissend, dass alles ewig wiederkehrt, und zu diesem ewig Wiederkehrenden lachend sein unbedingtes Ja sprechend.

Drehleiern. Winterreise und Wiederkunftslehre – eine Gegenüberstellung aus dem Geiste der Romantik

Um das radikal Neue an Nietzsches Zeit- und Weltbegriff, den Kontrast zur Neuzeit zeigen zu können, lohnt es sich, nochmals an die von *Schubert* vertonte Winterreise *Wilhelm Müllers* zu erinnern. Dem perspektiv- und damit trostlos gewordenen, zur ziellosen Wanderung gezwungen lyrischen Ich begegnet zu guter Letzt der Leiermann. Selber ein Außenseiter, muss er doch schließlich hinterm Dorf und ohne jede Beachtung seine Leier drehen.[60] Die Winterreise endet mit bangen Tönen:

---

58 F. Nietzsche, Götzen-Dämmerung, KSA 6, 87.

59 Ebd.

60 Die Drehleier war ein volkstümliches Instrument, deren eine beziehungsweise zwei Melodiesaiten und Untersaiten, die auf Grundton und Quinte der Melodiesaite gestimmt sind, gleichzeitig zum Erstimmen gebracht wurden.

Wunderlicher Alter,
Soll ich mit Dir gehen?
Willst zu meinen Liedern
Deine Leier drehn?

Ob Nietzsche durch die Aufnahme des Drehleier-Bildes ausdrücklich auf die Winterreise anspielt, kann nicht mit Sicherheit gesagt werden. Gekannt dürfte er sie haben. Wobei Nietzsche keine großen Stücke auf Schubert hielt, dieser in seinen Augen „ein geringerer Artist als die andern grossen Musiker" war, auch wenn er ihm zugesteht, dass man in seinen Werken „einen Schatz von unverbrauchten Erfindungen" habe.[61] Die ganze Romantik, zumal ihre Musik – „... eine Nervenverderberin ersten Ranges ..."[62] – war Nietzsche zuwider. Im Vergleich zu Mozart, auch noch zu Beethoven erschien sie ihm als die „oberflächlichere Bewegung". Sie sei „überdies nicht vornehm genug", um andernorts „als im Theater und vor der Menge" „Recht zu behalten".[63] Der Grund für Nietzsches Antipathien gegen die Romantik besteht eben in deren Verweigerung, sich mit dem Faktischen abgeben zu wollen. Ihr eignet, zumal der Winterreise, ein zutiefst pessimistischer Zug; ein Sich-nicht-abfinden-Wollen mit der Vergeblichkeit menschlichen Tuns, mit der Tragik des Menschseins; aber es war den Romantikern eben auch verwehrt, nochmals eine bestimmte Hoffnungsgestalt, etwa die christliche, mit Entschiedenheit zu aktivieren. Nietzsches Generalverdacht gegen die Romantik lautete, dass diese am Ende heimlich doch, „trotz aller Selbsterziehung zum Ernst und Schrecken" „‚metaphysisch getröstet'" enden könnte: „kurz, wie Romantiker enden, christlich ..." Dagegen setzt Nietzsche sein apodiktisches ‚Nein'. Und seine Forderung lautet: „Ihr solltet vorerst die Kunst des diesseitigen Trostes lernen, – ihr solltet lachen lernen": „ihr höheren Menschen lernt mir –

[61] F. Nietzsche, Menschliches, Allzumenschliches II, KSA 2, 617.

[62] F. Nietzsche, Die Geburt der Tragödie. Versuch einer Selbstkritik, KSA 1, 20.

[63] F. Nietzsche, Jenseits von Gut und Böse, KSA 5, 187f.

lachen!"[64] Lachen? Schuberts Wanderer jedenfalls vergeht auf seiner Reise das Lachen! Bang fragt das lyrische Ich der Winterreise, ob denn der Leiermann wirklich die Zukunft des Menschen sein könne, ob es dem Leiermann folgen könne.

Nietzsches Wiederkunftslehre richtet sich nachdrücklich gegen den „romantischen Pessimismus"[65], dem er – richtigerweise – noch christliche Wurzeln unterstellt. Zwar kennt ein recht verstandenes Christentum keine Leidensmystifizierung. Das Leid ist und bleibt, in biblischer Tradition, das Nicht-sein-Sollende. Doch distanziert das Christentum sich eben auch nicht vom Leiden. Es leidet am Leiden, und dieses Leiden am Leiden wirkt in der Romantik, wenn dort vielleicht auch in inzwischen religiös-transformierter Form, weiter. Und die Erfahrung des Leidens irritiert zugleich die Selbstgewissheit des Ich, ist es doch nicht zuletzt die Erfahrung der Negativität, die die Selbstreflexion des Ich forciert und diesem zugleich seinen Boden entzieht, die das Ich sich selbst fremd werden lässt.

Dass die Musik Wagners, auch wenn Nietzsche ihrer Verführung anfänglich erlag, keine Erlösung aus diesem Dilemma brachte, sei nur kurz erwähnt. Substanzlos – so lautet das schließliche Urteil Nietzsches über die anfangs verehrte Wagnersche Musik:

„Der Wagnerianer, mit seinem gläubigen Magen, wird sogar satt bei der Kost, die ihm sein Meister vorzaubert. Wir anderen, die wir in Büchern wie in Musik vor allem Substanz verlangen, und denen mit bloß ‚repräsentierten' Tafeln kaum gedient ist, sind viel schlimmer dran. Auf deutsch: Wagner gibt uns nicht genug zu beißen ... Was gar das Wagnersche ‚Leitmotiv' betrifft, so fehlt mir dafür alles kulinarische Verständnis. Ich würde es, wenn man mich drängt, vielleicht als idealen Zahnstocher gelten lassen, als Gelegenheit, Reste von Speisen los zu werden."[66]

Interessanterweise nimmt Nietzsche im Zarathustra, und zwar in *Der Genesende*, das Leiermann-Bild auf. Zarathustra hat sich

---

64 F. Nietzsche, Die Geburt der Tragödie. Versuch einer Selbstkritik, KSA 1, 22.

65 F. Nietzsche, Menschliches, Allzumenschliches, Vorrede, KSA 2, 7.

66 F. Nietzsche, Der Fall Wagner, KSA 6, 8.

durchgerungen zur Einsicht in die ewige Wiederkehr des Gleichen. „Alles geht, Alles kommt zurück; ewig rollt das Rad des Seins. Alles stirbt, Alles blüht wieder auf, ewig läuft das Jahr des Seins. Alles bricht, Alles wird neu gefügt; ewig baut sich das gleiche Haus des Seins. Alles scheidet, Alles grüsst sich wieder; ewig bleibt sich treu der Ring des Seins. In jedem Nu beginnt das Sein; um jedes Hier rollt sich die Kugel Dort. Die Mitte ist überall. Krumm ist der Pfad der Ewigkeit."[67] Doch Zarathustra ist zunächst noch „krank von der eigenen Erlösung", ist noch nicht endgültig versöhnt mit sich und seinen Tieren, „den Schalks-Narren und Drehorgeln", die bereits wussten, „was sich in sieben Tagen erfüllen musste", und daraus nun bereits ein „Leier-Lied" machen. Ihre für Zarathustra erlösende Kraft entfaltet die Wiederkunftslehre erst, als er erahnen darf, dass auch er, der Lehrer der ewigen Wiederkunft, ewig wiederkehren wird. Es sind seine Tiere, die um die ewige Wiederkunft Wissenden, die den sich immer noch seiner Krankheit erinnernden Zarathustra nicht weiterreden lassen, die ihm die Einsicht auch der eigenen, ewigen Wiederkunft vermitteln:

„Und wenn du jetzt sterben wolltest, oh Zarathustra: siehe, wir wissen auch, wie du da zu dir sprechen würdest. [...] Du würdest sprechen und ohne Zittern, vielmehr aufathmend vor Seligkeit: denn eine grosse Schwere und Schwüle wäre von dir genommen, du Geduldigster! – ‚Nun sterbe und schwinde ich, würdest du sprechen, und im Nu bin ich ein Nichts. Die Seelen sind so sterblich wie die Leiber. Aber der Knoten von Ursachen kehrt wieder, in den ich verschlungen bin, – der wird mich wieder schaffen! Ich selber gehöre zu den Ursachen der ewigen Wiederkunft. [...] Ich sprach mein Wort, ich zerbreche an meinem Wort: so will es mein ewiges Loos –, als Verkündiger gehe ich zu Grunde! Die Stunde kam nun, dass der Untergehende sich selber segnet. Also – *endet* Zarathustra's Untergang."

Der Versuch, Zeit zu verabsolutieren, wird auch hier konsequent durchgehalten. Es gibt keine wirkliche Zukunft mehr, so

---

[67] F. Nietzsche, Also sprach Zarathustra, KSA 4, 272f. Folgende Zitate ebd., 273–277.

wie es auch keine wirkliche Vergangenheit gab. Während die philosophische und theologische Tradition mit dem Begriff des nunc stans die Zeitenthobenheit Gottes zum Ausdruck bringen wollte und sie einzig dem Ewigen, dem von allem Endlichen und damit der Zeit Unterworfenen unterschiedenen Gott zusprach, wird bei Nietzsche nun die Welt zeitlos, ewige Gegenwart, weil ewig wiederkehrend. Die Welt ist ohne Anfang und Ende. Die Zeit ist das ewige Jetzt. Die Leier dient als Metapher für eine Zeit ohne Entwicklung. Dass der Mensch dennoch Zeitpunkte und Zeitabfolgen unterscheidet, dass er Zeit als lineare Geschichte begreift und den Knoten aller Ursachen nicht als den einen und damit immer gleich-gegenwärtigen erkennt, widerspricht in Nietzsches Logik seiner Vorstellung von Zeit als ewige Wiederkehr des Gleichen nicht. Es ist die Vernunft der grauen Begriffe, die die menschliche Vernunft dazu zwingt, in Kausal- und damit in Zeitverhältnissen zu denken. Aber Wahrheit? Ist etwas deshalb schon Wahrheit, weil der Mensch nicht anders kann, als etwas so und nicht anders zu denken?

Die Wiederkunftslehre – ein verantwortbarer Gedanke? Moralphilosophische Reflexionen

Eine kurze, grundsätzliche Überlegung vorweg. Wenn es um die Verantwortbarkeit eines Gedankens geht, so gilt es zu differenzieren, und zwar im Hinblick auf den Verantwortungsbegriff. Was kann es meinen, etwas zu verantworten? Heißt dies, etwas theoretisch zu verantworten? Also dessen Denkbarkeit und damit theoretische Wahrheit zu verantworten? Oder heißt, etwas zu verantworten, notwendig auch, etwas moralisch zu verantworten? Doch lässt sich so überhaupt unterscheiden: Dass etwas theoretisch einerseits und/oder moralisch andererseits zu verantworten ist? Lässt sich theoretische und moralische Verantwortung auseinander dividieren? Und was bedeutet es für den Wahrheitsbegriff, sollte der Zusammenhang von theoretischer und praktischer Vernunft viel enger zu fassen sein, als dies gemeinhin geschieht?

Die Frage der moralischen Verantwortbarkeit an Nietzsches Wiederkunftslehre heranzutragen, könnte dennoch anachronistisch wirken. Schließlich bestimmt sich Nietzsches Denken als jenseits von Gut und Böse. Und auch die Wiederkunftslehre begreift sich explizit als jenseits moralischer, das heißt jenseits von am Gegensatz von Gut und Böse noch festhaltender Maßstäbe. Und dennoch: Nietzsches Wiederkunftslehre lässt sich nicht diskutieren, ohne auch ihre humanen Implikationen zu bedenken. Von daher muss auch noch einmal grundsätzlich in den Streit um den Zusammenhang von Freiheit und Moral eingegriffen werden. Dies gilt umso mehr, als Nietzsche mit der Verkopplung von Wiederkunftslehre und Übermenschenidee der Theodizeefrage in Gestalt ihrer Altlasten, insbesondere der Anthropodizee, eine Alternative in der Selbstverständigung des Menschen über sich selbst entgegensetzen will.

Setzen wir bei der moralischen Verantwortung an. Nietzsche hat hier selbst den Blick auf den neuralgischen Punkt einer möglichen Auseinandersetzung mit ihm gelenkt. Zu ertragen sei der Gedanke an die ewige Wiederkunft des Gleichen nur unter einer Bedingung: nämlich dass Freiheit von der Moral herrsche. Doch auch hier gilt es zu unterscheiden. Meint diese Bedingung nur eine faktische Freiheit von der Moral, also eine Befreiung von moralischen Maßstäben im konkreten Leben? Oder meint diese Bedingung eine prinzipielle Freiheit von der Moral, das heißt eine begründete Befreiung der Freiheit vom Du-sollst der Moral?

Kant hat zeit seiner Beschäftigung mit Themen der Moralphilosophie mit der Frage gerungen, ob es eine strenge Begründung dafür gebe, dass der Mensch moralisch zu sein habe. Warum überhaupt soll ich mein Leben und Handeln an verallgemeinerungsfähigen Maximen orientieren? Warum kann, warum soll ich eine solche Selbstorientierung und -bestimmung des eigenen Lebens nicht vielmehr auch sein lassen können? Nachdem Kant zunächst versucht hatte, aus dem Begriff der Freiheit auch die Notwendigkeit abzuleiten, dass der Mensch moralisch zu handeln habe, kehrt er diese Begründungsperspektive in der *Kritik der praktischen Vernunft* um: Aus dem Faktum des Gewissensrufs, des ‚Du sollst', folgert Kant, dass der Mensch moralisch zu handeln habe. Ja nicht nur dies: Aus dem Phänomen, dass der Ruf des Sollens an mich ergeht und in der Inspektion des eigenen Gewissens erfahren wird, folgert Kant auch, dass das Bewusstsein meiner Freiheit kein fiktives sein kann. Denn nur unter der Voraussetzung, dass ich frei bin und etwas aus eigenem Entschluss heraus kann, macht das Sollen auch Sinn. Ohne Freiheit kein Sollen. Inzwischen vielfach zitiert hat Kant den Zusammenhang von Sollen und Können an einem Beispiel deutlich gemacht:

„Setzet, daß jemand von seiner wollüstigen Neigung vorgiebt, sie sei, wenn ihm der beliebte Gegenstand und die Gelegenheit dazu vorkämen, für ihn ganz unwiderstehlich: ob, wenn ein Galgen vor dem Hause, da er diese Gelegenheit trifft, aufgerichtet wäre, um ihn sogleich nach genossener Wollust daran zu knüpfen, er alsdann nicht seine Neigung bezwingen würde. Man darf nicht lange rathen, was er antworten würde. Fragt ihn aber, ob, wenn sein Fürst ihm unter Androhung derselben unverzögerten Todesstrafe zumuthete, ein falsches Zeugniß wider einen ehrlichen Mann, den er gerne unter scheinbaren Vorwänden verderben möchte, abzulegen, ob er da, so groß auch seine Liebe zum Leben sein mag, sie wohl zu überwinden für möglich halte. Ob er es thun würde, oder nicht, wird er vielleicht sich nicht getrauen zu versichern; daß es ihm aber möglich sei, muß er ohne Bedenken einräumen. Er urtheilt also, daß er etwas kann, darum, weil er sich bewußt ist, daß er es soll, und erkennt in sich die Freiheit, die ihm sonst ohne das moralische Gesetz unbekannt geblieben wäre."[68]

Muss ich also tun, was ich laut Gewissensruf soll? Unbestreitbar ist zweifellos zunächst, dass die Möglichkeit, sich zum Gewissensruf verhalten zu können, Ausdruck der Freiheit des Menschen ist. Denn selbst wenn ich der Sollensaufforderung nicht genüge, ihr widerspreche oder auch nur ausweiche, ist dies immer noch freiheitsursprünglich. Und Kant war Realist genug zu sehen, dass im konkreten Leben die Ausnahme die Regel ist;

---

[68] I. Kant, Kritik der praktischen Vernunft, A 54, WW 7, 140.

dass der Mensch, anstatt sich nach moralischen Grundsätzen auszurichten, sich immer schon gestattet hat, sich die Ausnahme zu erlauben. Mit diesem Lehrstück vom radikal Bösen im Menschen hat Kant die christliche Erbsündenlehre philosophisch reformuliert. Doch bleibt die Frage, welcher Grund mich laut Kant zwingt, mich in meinem Freiheitsgebrauch nach moralischen Grundsätzen auszurichten? Ist die Freiheit wirklich zur Moralität bestimmt?

Was bei Kant auf den ersten Blick wie eine schlechte und damit strengen Begründungsansprüchen kaum genügen könnende Tautologie aussieht, entpuppt sich bei näherem Hinsehen als zwingend, und zwar als logisch zwingend deshalb, weil es exakt der eigentümlichen Struktur und des Wesens von Moralität und damit dem zu erhellenden Sachverhalt entspricht. Denn wenn Moralität eine Bestimmung der Freiheit ist und die Möglichkeit von Moralität an die Wirklichkeit von Freiheit gebunden ist, Moralität mithin ohne Freiheit nicht denkbar ist, ohne dass sogleich der Begriff der Moralität aufgehoben würde, dann ist die Einsicht in den Verpflichtungscharakter des Gewissensrufs nur auf dem Standpunkt der Freiheit möglich. Nur im Entschluss zur Moralität, wird das Wesen moralischen Handelns und die Wirklichkeit von Moralität einsichtig. Vor diesem Hintergrund wird auch die berühmte Formulierung aus der Vorrede von Kants *Kritik der praktischen Vernunft* verstehbar: „Wenn praktische Vernunft, als reine Vernunft, wirklich praktisch ist, so beweiset sie ihre und ihrer Begriffe Realität durch die Tat, und alles Vernünfteln wider die Möglichkeit es zu sein, ist vergeblich.“[69] Auf dem Standpunkt der Moralität ist dieses Vernünfteln wider die Möglichkeit, sich moralisch zu bestimmen, vergeblich, weil die Einsicht in die Möglichkeit bereits gleichzusetzen ist mit der Wirklichkeit der Möglichkeit. Dabei hat Kant faktisch einerseits vorausgesetzt, dass der im Gewissen begegnende Sollensruf wahr ist und deshalb die menschliche Freiheit unbedingt verpflichtet, und das andererseits der Sollensruf von allgemeiner Evidenz ist.

[69] I. Kant, Kritik der praktischen Vernunft, A 3, WW 7, 107.

Nicht so Nietzsche. Er hat mit spekulativ-analytischem Aufwand und beißender Schärfe noch einmal gegen die Möglichkeit, in eigener Autonomie sich moralisch bestimmen zu sollen, aber auch dagegen, sich überhaupt moralisch bestimmen zu können, polemisiert. Was für Kant unumstößlich gewiss war, dagegen ließ sich für Nietzsche sehr wohl noch einmal anvernünfteln. Und zwar – lässt man seine noch fundamentalere Kritik am Begriff der Freiheit einmal beiseite[70] – indem er den Gegensatz von Gut und Böse prinzipiell in Frage stellte. „Man kennt meine Forderung an den Philosophen, sich jenseits von Gut und Böse zu stellen, – die Illusion des moralischen Urteils unter sich zu haben."[71] Nietzsche ist – vielleicht zusammen mit *de Sade* – *der* Protagonist eines Denkens jenseits von Gut und Böse in der Neuzeit, und vielleicht erklärt sich von daher, warum ausgerechnet Kant Nietzsches Sarkasmus am heftigsten zu spüren bekommt. Ein ‚hinterlistiger Christ'[72] sei Kant gewesen, nichts anderes. Nietzsche hat, instinktsicher und völlig zu Recht – Kant: „Ich mußte also das Wissen aufheben, um zum Glauben Platz zu bekommen"[73] – gespürt, dass Kants Vernunftkritiken ja keinesfalls darauf abzielten, der Möglichkeit des Glaubens Abbruch zu tun. Und dass es Kant statt dessen darum ging, im Interesse der menschlichen Freiheit die menschliche Vernunft in ihrer Reichweite zu begrenzen, damit zugleich aber auch, dem Glauben ein neues Fundament zu geben. Denn moralisch zu sein habe ich laut Kant auf dem Standpunkt der Freiheit auch ohne Gott. Gott kann nicht die Bedingung meiner moralischen Selbstbestimmung sein, da ansonsten die strenge Bindung der Möglichkeit von Moralität an die Freiheit hinfällig würde. Wohl aber bin ich moralisch verpflichtet, auf einen Gott zu hoffen, damit das moralische Handeln nicht ins Leere läuft.

Dagegen polemisiert Nietzsche, dass allein der „Theologen-Instinkt" es gewesen sei, der Kant „in Schutz" genommen habe, als dieser „die erhabne Forderung ‚du sollst' aus einem ‚Mangel

---

[70] Vgl. hierzu Teil II in diesem Band.

[71] F. Nietzsche, Götzen-Dämmerung, KSA 6, 98.

[72] Vgl. F. Nietzsche, Götzen-Dämmerung, KSA 6, 79.

[73] I. Kant, Kritik der reinen Vernunft, WW 3, 33.

an intellektuellem Gewissen" „unter dem Begriff ‚praktische Vernunft' zu verwissenschaftlichen" versuchte.[74] Und Nietzsche repliziert: „Dass man den kategorischen Imperativ Kant's nicht als lebensgefährlich empfunden hat!" „Die ‚Tugend', die ‚Pflicht', das ‚Gute an sich', das Gute mit dem Charakter der Unpersönlichkeit und Allgemeingültigkeit – Hirngespinste, in denen sich der Niedergang, die letzte Entkräftung des Lebens, das das Königsberger Chinesenthum ausdrückt. Das Umgekehrte wird von den tiefsten Erhaltungs- und Wachsthums-Gesetzen geboten: das Jeder sich seine Tugend, seinen kategorischen Imperativ erfinde."[75] Nietzsche geht es nicht mehr um die Begründung moralischen Sollens. Die bisherigen Philosophen, somit auch Kant, haben, folgt man Nietzsche, „die eigentlichen Probleme der Moral", „das Problem der Moral selbst" noch „gar nicht zu Gesichte"[76] bekommen. Nietzsches Neuansatz in der Moralphilosophie vollzieht sich vor dem Hintergrund seiner Generalthese, dass es „moralische Phänomene" überhaupt nicht gebe, „sondern nur eine moralische Ausdeutung von Phänomenen"[77]. Die Differenz von Gut und Böse gibt es genauso wenig wie die zwischen wahr und falsch. Alle Differenzsetzungen sind nur Mittel zu dem Zweck, Macht zu erlangen, indem sie anderen aufgedrückt werden. Die Konsequenzen dieser Einebnung des Unterschieds von Gut und Böse sollte man nicht unterschätzen: „Nichts ist wahr, alles ist erlaubt"[78] – so folgert Nietzsche unnachgiebig.

Konsequenterweise zieht Nietzsche aus dieser moralphilosophischen Umkehrung der gesamten Tradition aber auch den Schluss, dass es in dessen Folge die einzige Aufgabe der Moralphilosophie sein kann, noch die Herkunft moralischer Begriffe und Wertmaßstäbe zu erörtern. Genealogie, nicht Begründung der Moral – so lautet das künftige Arbeitspensum einer Moralphilosophie. Die Schaffung neuer Werte kann und muss sich,

[74] F. Nietzsche, Der Antichrist, KSA 6, 177f.
[75] Ebd., 178.
[76] F. Nietzsche, Jenseits von Gut und Böse, KSA 5, 105f.
[77] Ebd., 92.
[78] F. Nietzsche, Die Genealogie der Moral, KSA 5, 399.

wenn der Nihilismus überwunden werden soll, jenseits einer zwischen Gut und Böse noch unterscheidenden Moral vollziehen. Lässt sich das unbedingte Ja des Übermenschen als dieser neue Wert begreifen, so steht er jenseits von Gut und Böse.

Kants Moralphilosophie also als der letzte Ausdruck eines degenerierten Lebens, das keine eigenen Werte, Werte jenseits von Gut und Böse, mehr zu schaffen imstande ist? Kant als der Inbegriff des letzten Menschen – der wider besseres Wissen an der Bestimmung des Menschen zur Moralität festhält? Und der im Schlepptau moralischen Denkens auch an den anderen Begriffen festhält, an denen die Menschheit bereits verzweifelt ist? Bis hin zum Gottesbegriff? Immerhin ein Begriff, der die tiefste Sehnsucht des Menschen nach Sinn zum Ausdruck bringt; und dem doch auch die größte Verzweiflung anhaftet, die der endliche und sterbliche Mensch erfahren kann; die Verzweiflung, die ihren Grund in dem nagenden Verdacht hat, dass ausgerechnet der, der allmächtige Liebe ist, in den Weltlauf nicht eingreift, um dem Leiden endlich ein Ende zu setzen. Lässt man Wagner außen vor, dann gibt es für Nietzsche keinen stärkeren Antipoden in der Neuzeit als Kant. Nietzsches Übermensch, der im Lachen dem Notwendigen sein Sein-sollen zuspricht, ohne Abzug und Ausnahme, ist die antichristliche, aber eben auch amoralische Antwort auf ein Denken von der Welt und vom Menschen, das nicht bereit ist, die Idee der Freiheit, aber auch die Sehnsucht nach Sinn zu vergessen. Die Wiederkunftslehre stellt die Sinnfrage still.

Versteht man Kant und Nietzsche als strikte Alternative in der Selbstverständigung des Menschen über sich selbst, dann lässt sich die Diskussion auf einen Punkt konzentrieren: Auch wenn Kant zwischen der Freiheit als reines Sich-verhalten-Können und Etwas-anfangen-Können, der transzendentalen beziehungsweise rein formell gedachten Freiheit auf der einen Seite und der moralisch bestimmten Freiheit auf der anderen Seite unterschied, so hat er doch selbstverständlich vorausgesetzt, *dass* der existierende Mensch um das Faktum der reinen praktischen Vernunft, das im Gewissensruf sich äußernde ‚Du sollst' weiß. Auch Nietzsche bestreitet nun keineswegs, dass der

Mensch faktisch unter diesem Aufruf des ‚Du sollst' steht, sich realiter, in seinem gegenwärtig wirklichen Menschsein unter diesem vorfindet. Indem er aber diese Vorfindlichkeit des Menschen naturgeschichtlich aufzuklären und alle moralischen Begriffe ihres außermoralischen Ursprungs zu überführen versucht, begrenzt er die menschliche Freiheit auf ihre reine Formalität: Losgelöst vom Gewissensruf soll der Mensch jenseits von Gut und Böse das unbedingte Ja zu allem sprechen und in dem damit verbundenen Lachenkönnen seine eigene Erlösung feiern.

Rein theoretisch lässt sich diese Befreiung der menschlichen Freiheit vom moralischen Gewissensruf natürlich denken. Doch ist dies kein möglicher Schritt mehr desjenigen, der in eigener Autonomie den Standpunkt der Freiheit und der moralischen Selbstbestimmung gewählt hat. Denn auf diesem Standpunkt steht Moralität nicht mehr zur Wahl, ist sie nicht mehr wie ein Objekt aus der Dingwelt beliebig wählbar oder nicht, sondern vollzogene Selbst- und Wesensbestimmung der Freiheit. Und in eins damit ist auch das Wesen von Moralität als Selbstbestimmung der Freiheit eingesehen: Freiheit soll sein. Freilich realisiert sich menschliche Freiheit nun nicht im leeren Raum, sondern ist in ihrem realen Dasein zutiefst kontingent. Sie ist gebunden an Materie, Leiblichkeit. Sie realisiert sich intersubjektiv. „Der Mensch wird [...] nur unter Menschen ein Mensch" (J. G. Fichte). Weil aber die menschliche Freiheit in ihrem realen Sosein zu sich aufgerufen werden muss durch eine andere Freiheit, um sich in eigener Ursprünglichkeit und Unbedingtheit zu sich selbst entscheiden zu können, entspricht es ihrem Wesen, auch andere menschliche Freiheiten mit der gleichen Unbedingtheit zu bejahen. Menschliche Freiheit gibt es nur unter ihresgleichen. Diese Bejahung der eigenen und der anderen Freiheit kann aber nur unbedingt sein. Von daher ergibt sich zwingend, dass – wie Kant nachdrücklich herausstellte – jeder Mensch Zweck an sich selbst ist und als Zweck an sich selbst zu behandeln ist.

Was folgt aus dieser Überlegung zur moralischen Verträglichkeit der Wiederkunftslehre? Wenn im Ja des Übermenschen die gesamte Wirklichkeit ohne Abzug als ewig wiederkehren sollend bejaht wird, so würde dies auch für das gelten, was dem Humanen entgegensteht. Auf dem Standpunkt der Freiheit ist es deshalb abzulehnen, eine solche Perspektive auf die Welt einzunehmen. Sie dürfte nicht nur eine faktische Überforderung des Menschen darstellen, sondern sie widerspricht auch dem Wesen des Menschen, dem Wesen seiner Freiheit. Denn dass der Mensch Zweck an sich selbst sei, widerspricht der Wiederkunftslehre fundamental: Als zweckhaft ist der Mensch hier nur vorgestellt, weil er Moment, Teil des einen Knotens der Ursachen ist. Nicht aber als er selbst.

„... und wir lesen Bloch und schlafen ein ..." Zukunft des Menschen – Glaube und Verheißung

Nietzsches Wiederkunftslehre als theoretisch nicht haltbar, als inhuman und, davon einmal abgesehen, wohl auch als faktische Überforderung für den konkreten Lebensvollzug zurückzuweisen, ist die eine Seite des Problems. Auch *Sloterdijk* hat nachdrücklich betont, dass Nietzsches Heroismus eine Überforderung des Menschen darstelle. Eine andere Frage aber ist, ob Nietzsche mit seinen Nihilismusanalysen, mit seiner Prophezeiung des letzten Menschen, nicht dennoch hellsichtig vorausgeahnt hat, was das kulturelle Gegenwartsbewusstsein inzwischen weitgehend prägt – sodass selbst dann, wenn man die Alternative einer absoluten Affirmation des Daseins nicht als Möglichkeit zu akzeptieren bereit ist, die ‚Gegenwart des letzten Menschen' sich immer noch als Problem stellt. Wird nicht längst das Ende der Geschichte fröhlich gefeiert? Und bleibt eigentlich, nach dem Tod Gottes, etwas anderes als die ironische Inszenierung des Abgesangs der Sinnfragen? Auch des Subjekts? Des mit sich selbst indentisch sein wollenden Ichs? Das Wort Utopie, die Sache der Utopie, weckt längst nur noch ein müdes Lächeln; auch bei Sloterdijk, will man nicht dessen gentechnische Revision des Menschen als ‚Utopie' bezeichnen. Wenn bei ihm der Begriff der Utopie noch eine Bedeutung haben soll, dann jedenfalls nicht in seiner überkommenen, aus Traditionen des Aufklärungs- und Emanzipationsdenkens, aber eben nicht zuletzt auch aus religiösen Traditionen sich speisenden Form. Nicht Gerechtigkeitsfragen, nicht die Hoffnung auf Erfüllung ungestillter Sehnsüchte, steht bei Sloterdijks Vision vom neuen Menschen im Hintergrund. Die ‚Utopie' bei ihm bezieht sich, viel bescheidener, nur darauf, mittels der Chancen der Gentechnologie die Eskalationsdynamik in den Griff zu bekommen, die in der Natur des Menschen angelegt ist. Aber ist das noch ein Begriff von ‚Utopie', gemessen an der Tradition, der die Bezeichnung ‚Utopie' verdient?

Und selbst wenn man seine Überlegungen zur Daseinsweise einer besinnlichen Askese hinzunimmt: verdienen diese noch den Namen ‚Utopie'? Sicher nur dann, wenn die Vernunft aus der Verpflichtung entlassen wird, für den anderen Menschen einzustehen; wenn die Vernunft aus der Verpflichtung entlassen wird, für den anderen Menschen auch gegen allen Anschein zu hoffen. Und selbst, wenn man bereit ist, das Denken von solchen Fragen zu dispensieren, fragt es sich immer noch, ob diese (in der Tradition der Gnosis stehende) Form von Askese nicht die gleiche faktische Überforderung des Menschen bedeutet wie Nietzsches Heroismus. Historisch betrachtet kann man Sloterdijks These, dass die gnostische Daseinshaltung – in ihrer Sloterdijkschen Quintessenz: Dasein als ‚jubilatorische Dissidenz in spekulativer Heiterkeit' – als Reaktion auf den Überdruck, der durch die Theodizeeproblematik ausgelöst wurde, ihre Plausiblität nicht abstreiten. Ob aber die gnostisch-asketische Daseinshaltung die Situation der Gegenwart des letzten Menschen zu überwinden imstande ist, scheint mir genauso fraglich zu sein.

Als signifikantes Beispiel dafür, wie das utopische Denken sich verabschiedet und Nietzsches letzter Mensch lyrisch inszeniert wird, mag eine jüngst erschienene Lyrik-Antologie dienen. Diese Antologie verdient deshalb Interesse, weil sie, relativ scharf konturiert und gerade deshalb aufschlussreich, zwei Tendenzen in der Gegenwartslyrik ausmacht: einmal eine ‚Bewusstseinsdichtung' der alten Art, eine an Ich-Erfahrungen sich abarbeitende Erlebnisdichtung, vertreten gegenwärtig vor allem durch *Ulla Hahn*; dann aber – als eine ganz andere Tendenz – einen Typus von Lyrik, in dem klassische Sinnfrage und selbst jede Sehnsucht nach Identität verabschiedet ist und in dem der Dichter, selbst dem schnellen Wechsel der Moden anheimgegeben, nur noch widerspiegelt, was ist und geschieht: das Getriebensein des Ich in einer haltlos gewordenen Welt. Durs Grünbein vor allem verkörpert diese letztere Tendenz.

Zu dieser letzteren Tendenz zieht der Herausgeber der Antologie, *Theo Elm*, das Fazit. „Ist Utopia verdorrt, so erscheint Arcadia in den zukunftslosen Gedichten der neunziger Jahre unter dem Licht utopischer Sehnsucht als Rückblick auf die vergangene Morgenröte des Subjekts. Darüber kann sich der coole Transitpoet von Petersdorff nur mokieren: ‚Kino' sei das, ein Murmeln ‚alter Sätze', Bloch-Lektüre und Einschlafübung. [...] Dabei hätten die verhinderten Utopisten gern wenigstens die Nachkriegsmetaphysik des Absurden gegen die ziellose Beliebigkeit ihrer kristallinen Gegenwartskultur eingetauscht. Doch Camus ist fern (Haufs), und Sisyphos ist freigesprochen (Drawert). Auch dafür ist von der Gegenseite ein Quantum Ironie fällig: ‚Was für Zeiten', amüsiert sich Treichel genüßlich, als alles / noch sinnlos war."[79]

Dem Gedicht von *Dirk von Petersdorff*, auf das Elm anspielt, ist das der Zwischenüberschrift beigegebene Zitat entnommen. Schärfer lässt sich der Kontrast zum zwar von der Erfahrung der Negativität gezeichneten, dennoch oder vielleicht sogar: gerade dennoch an der Utopie festhaltenden Denken noch des 20. Jahrhunderts kaum zeichnen als durch dieses Gedicht. Nicht nur ist Gott tot, auch Bloch ist langweilig, ermüdend. Beschäftigte die nachmetaphysische Philosophie des 20. Jahrhunderts noch Kants Dialektik, seine Lehre vom Scheinwissen, zumal seine Kritik des Gottesbeweises – Adorno über Kant: „Seine Philosophie kreist, wie übrigens wohl eine jede, um den ontologischen Gottesbeweis"[80] – so setzt *von Petersdorff* bereits eine ‚wahrere'

---

[79] Th. Elm, Einleitung, in: ders. (Hg.), Lyrik der neunziger Jahre, Stuttgart 2000, 15–35, 27.
[80] Th. Adorno, Negative Dialektik, Frankfurt/M. 1966, 396.

Philosophie voraus: Alles ist Schein, Schein von einem Schein, und deshalb ist es unsinnig geworden, Fragen stellen zu wollen, die Antworten verlangen. Nicht Kant, sondern Nietzsche steht hier als philosophischer Pate im Hintergrund:

Haltlos sind wir

früher sagten wir DIE DIALEKTIK, wenn
es Schwierigkeiten gab, jetzt kreisen wir

in Warteschleifen, WOMIT MUSS ICH RECHNEN:
die Frage der Filosofie, wir kreisen,

eine sich reflektierende Reflexion,
eine Mühle ohne Müller,

möchte man sagen, wir treiben,
ohne Grund unter den Füßen,

Surfer auf dem Weltmeer, wir
sind verweht. *Spieglein, geben Sie*

Gewißheit, rief er aus und
stand in einem Spiegelsaal.

Tautologisch taumeln wir
weiter. Schaun wir mal,

sagen die Betreuer und die Dichter
sagen: Was weiß der See, wann

der Wind kommt? DER APRIL IST
DER PASSENDE MONAT. Und wir

entdecken die Frau und sagen:
Die Meteorologie ist eine weibliche

Wissenschaft. Ja, wie bessern aus,
wir bessern nach, wir bleiben

kritisch bis utopisch, wir fordern
EINEN RECHTSANSPRUCH AUF
KINDERGARTENPLÄTZE.

Doch früher war es anders, FRÜHER
WAR DER GEIST SYNTHETISCH, jetzt

schwanken wir, ins Kino und
sehen: ZURÜCK IN DIE ZUKUNFT.

Und murmeln die alten Sätze zuletzt,
müde, müde und umwolkt

und lesen Bloch und schlafen ein.[81]

Hat das utopische Denken vielleicht doch zu lange auf „fremde Kreide" gezecht, wie bereits *Bloch* selbst befürchtete, so dass dem Hoffen ohne Hoffnung eines Tages seine Quellen versiegen könnten?[82] Lebt der Mut, gegen die letztendliche Vergeblichkeit angesichts der Übermacht des Weltverlaufs ankämpfen zu wollen, „von früheren Hoffnungen und dem Halt, den sie einmal verliehen hatten"? Signalisiert ein Gedicht wie *Haltlos sind wir* nicht, dass das menschliche Leben inzwischen als grund- und damit als perspektivlos empfunden wird? Vielleicht hat der in seiner Hellsichtigkeit immer wieder erstaunliche Nietzsche sogar erahnt, dass der zu allem sein Ja und Amen sagende Übermensch keine realistische Existenzmöglichkeit darstellt, abstrakt ist. Vielleicht hat er erahnt, dass der Tod Gottes keineswegs als die große Befreiung erfahren werden würde, auch nicht in ferner Zukunft. Hinweise gibt es dafür. Vielleicht hat Nietzsche erahnt, dass der *amor fati* den Menschen am Ende doch überfordert, ihn aus seiner Vereinsamung jedenfalls nicht befreit. In einem Brief an den Freund Franz Overbeck, datiert bereits aus dem Jahr 1885, also durchaus noch vor Ende seiner Schaffensperiode, schreibt er: „... zuletzt gab es für alle die, welche

---

[81] Hier zitiert nach Th. Elm (Hg.), Lyrik der neunziger Jahre, 96f.

[82] E. Bloch, Prinzip Hoffnung, Frankfurt/M. 1973, 1361. Folgendes Zitat ebd. Zur Einschätzung dieses, die „moralisierende Neuzeit" lange Zeit beflügelnden Mutes vgl. Th. Pröpper, Erlösungsglaube und Freiheitsgeschichte. Eine Skizze zur Soteriologie, München ³1991, 118–120. Zur Bedeutung des Glaubens für die Möglichkeit realer Selbst-Wahl ebd., 204–210.

irgendwie einen ,Gott' zur Gesellschaft hatten, noch gar nicht das, was ich als ,Einsamkeit' kenne. Mir besteht mein Leben jetzt in dem Wunsche, daß es mit allen Dingen *anders* stehn möge, als ich sie begreife; und daß mir Jemand *meine* ,Wahrheiten' unglaubwürdig mache."[83] Für sein Philosophieren Konsequenzen gezogen hat er hieraus nicht.

Wie dem auch sei. Zwar spekuliert im Ungewissen, wer über die kulturelle Gegenwartssituation definitive Antworten sich zu geben traut. Indizien jedoch, dass das Bewusstein der Freiheit sich verliert, gibt es. Das letzte Wort hätte dann der letzte Mensch.

Vor diesem Hintergrund muss abschließend gefragt werden, worin die spezifische Möglichkeit des Glaubens angesichts dieser Situation besteht. Eines muss jedenfalls vorab klar sein: Aus theologischer Perspektive kann und darf diese Regression des Freiheits- und Möglichkeitsbewussteins des Menschen, die ironisch-lächelnde Verabschiedung der Sinnfragen niemandem gleichgültig sein. Denn theologisch gilt die von Gott zugesagte Hoffnung für den Menschen auf Vollendung. Diese Zusage aber kann in der Gegenwart ihre Wirkung nur entfalten, wenn die Sehnsucht nach Sinn noch nicht erloschen ist.

Somit geht es hier um das Eigenste des Glaubens und damit der Theologie, um den Menschen in seiner vom Glauben vorausgesetzten Beziehung zu Gott. Zwar setzt der Glaube auch voraus, dass der Mensch niemals definitiv aus dieser Beziehung herausfällt, weil Gott ihn nicht herausfallen lassen will und deshalb mit seiner Liebe um ihn werben wird. In der Perspektive des Glaubens hat der letzte Mensch noch nicht das letzte Wort, weil das letzte Wort über die Geschichte und den Menschen immer Gottes letztes Wort sein wird. Gerade deshalb aber muss es dem Glauben darum gehen, diese Zusage der Liebe Gottes bereits in diesem Leben wirksam werden zu lassen, auch wenn es einzig Gottes Sache ist, Vollendung zu schenken, so dass auch der Tod nicht das letzte Wort hat. Der jüdisch-christliche Glaube ist eben keine Gnosis, sondern rechnet, bei aller Zukunftserwartung, mit der bereits diesseitigen Kraft dieses Glaubens; rechnet

[83] F. Nietzsche. Sämtliche Briefe, Bd. 7, 63.

damit, dass bereits dieses leibhaftige menschliche Leben das von Gott gewollte und damit, trotz aller Erfahrung unbegreiflichen Leidens, Geschenk Gottes ist; und der Glaube rechnet damit, dass im Wissen um diese Zusage, das menschliche Leben vollenden zu wollen, der Mensch schon jetzt eine Identität ausbilden kann: keine bruchlose, wohl aber eine, die zu den Brüchen des Lebens noch einmal stehen kann; und damit eine Existenzweise, die nicht in die Falle der, in ihrem Grunde verzweifelten Lebensweise des Ästhetikers läuft: die Nicht-Identität als die eigene Identität gewählt zu haben.

Die Theologie *muss* also diese Zusage zur Sprache zu bringen. Sie muss die Wahrheit dieser Zusage im Kontext der Wissenschaften vertreten. Die Kirchen jedoch, denen die praktische Überlieferung dieser Heilszusage anvertraut ist, müssen sich als Orte entwickeln, an denen die Idee der Freiheit Gestalt gewinnt; als Orte, an denen die Fragen nach Sinn Gehör finden; und als Orte, an denen die Fragen nach Sinn, wenn sie denn wirklich zu verstummen drohen, im Bewusstsein gehalten werden, auch kritisch gegenüber anderweitigen kulturellen Tendenzen.

Der neue Mensch? Dass der Mensch nur durch Gott definitiv neu werden kann –, von dieser Überzeugung können die Praxis des Glaubens und die Theologie nicht lassen, um keinen Preis. Solidarisch aber hat die Theologie mit all denen zu sein, die um die ungestillten Sehnsüchte des Menschen noch wissen. Ob sie explizit auf Gott setzen, noch setzen können, oder nicht. Streng antignostisch, den Stachel der Rede von der leiblichen Auferstehung ernst nehmend.

Ernst Jandl

kleine körperliche biografie[84]

für peter horst neumann
zu seinem 60. Geburtstag

[84] ernst jandl, peter und die kuh. die humanisten. Aus der Fremde (= poetische Werke 10, hg. v. k. siblewski), München: Luchterhand 1997, 11.

nun habe ich in meinem mund
keine zehe mehr (keine eigene
eine fremde schon garnicht)
meine füße in meinen händen
sind vergangene gymnastik
meine hände salben vergeblich
die schmerzenden. mein halbschlitten
hindert mich am knien. doch ich beuge mich
ohne anstrengung – meine übliche
haltung. mein glied, täglich gewaschen
hat verlernt
den täglichen aufstand. rebellion
geschieht in meiner seele
um die ich kämpfe.

Peter Horst Neumann

An Jandl[85]
Zu seinem Gedicht
„kleine körperliche biografie“

Die rebellion geschieht
in meiner seele.
um die ich kämpfe –
sagst du. Ja, du
nennst es Seele.
Ich bitte dich,

gib diesen Kampf
nicht auf, sie könnte
unsterblich sein

und auferstehn
dereinst in
Fleisch und Glied.

---

[85] H. P. Neumann, An Jandl, aus: manuskripte. Zeitschrift für Literatur 37 (1997) 91.